# BLECHGERICHTE

# BLECHGERICHTE

### 101 leckere Rezepte aus dem Ofen

**JENNY TSCHIESCHE**

Fotos von Steve Painter

## Librero

Titel der Originalausgabe: *Sheet Pan Cooking*

© 2023 Librero IBP (für die deutschsprachige Ausgabe)
www.librero-ibp.com

Die englische Originalausgabe erschien 2018 bei Ryland and Peters & Small Limited, 20–21 Jockey's Fields, London WC1R 4BW.

Text © 2018 Jenny Tschiesche
Design und Fotos © 2018 Ryland Peters & Small

Übersetzung aus dem Englischen:
Anita Weinberger-Schwendenwein, Wien
Redaktion und Satz der deutschen Ausgabe:
Print Company Verlagsges.m.b.H., Wien

Printed in India
ISBN: 978-94-6359-628-2

Alle Rechte vorbehalten. Kein Teil dieser Produktion darf ohne vorherige schriftliche Zustimmung durch den Herausgeber in irgendeiner Weise reproduziert, gespeichert, oder weiter gegeben werden, sei es durch elektronische oder mechanische Medien, Fotokopien oder Aufnahmen.

Der Richtigkeit und Vollständigkeit der Informationen in diesem Buch wurde größte Sorgfalt gewidmet. Sollte unabsichtlicherweise dennoch ein Urheber nicht angegeben sein, werden wir dies nach Kenntnisnahme in der nächsten Ausgabe berichtigen.

**Anmerkungen:**

- Alle Maßangaben in Löffeln entsprechen gestrichenen Löffeln, außer es ist anders angegeben. Ein Teelöffel (TL) entspricht 5 ml, ein Esslöffel (EL) 15 ml.
- Alle Eier sind mittelgroß, außer es sind extra große angegeben. Rohe oder nur teilweise gekochte Eier sollten nicht sehr alten Menschen, schwächlichen kleinen Kindern, schwangeren Frauen oder Menschen mit geschwächtem Immunsystem verabreicht werden.
- Backöfen sollten auf die angegebene Temperatur vorgeheizt werden. Wir empfehlen Ofen-Thermometer zu verwenden. Bei Backöfen mit Umluft passen Sie die Temperatur gemäß den Herstellerangaben an.

*Für Werner, Amalie und Samuel. Danke, dass ich über eure Geschmacksknospen und Kritikerqualitäten verfügen durfte, aber am meisten danke ich euch dafür, dass ihr mich während des ganzen Herstellungsprozesses des Buches so sehr unterstützt habt.*

**Grafik** Toni Kay
**Redakteurin** Miriam Catley
**Produktionskontrolle** Patricia Harrington
**Art-Direktorin** Leslie Harrington
**Leitende Redakteurin** Julia Charles
**Verlegerin** Cindy Richards

**Fotos & Requisite** Steve Painter
**Food-Stylistin** Lucy McKelvie
**Register** Vanessa Bird

# INHALT

- Einleitung **6**
- Fleisch **10**
- Geflügel **40**
- Fisch **58**
- Vegetarisch **74**
- Vegan **92**
- Beilagen und Salate **114**
- Süßes **126**
- Register **142**
- Danksagung **144**

# EINLEITUNG

Das moderne Leben ist geschäftig, chaotisch und ausgefüllt. Nach einem langen Tag scheint es manchmal überaus schwer zu sein, ein Abendessen auf den Tisch zu stellen, geschweige denn etwas Nahrhaftes zu finden, das jedem schmeckt. Deshalb ist es überraschend, dass von all den modernen Geräten in unseren Küchen, die uns das Leben leichter machen sollten, das einfachste auch das beste ist – das Backblech. Sie werden sehen, dass Sie fast nichts Anderes mehr brauchen, außer einem Messer oder zwei und (gelegentlich) einer Pfanne.

Dieses Buch ist vor allem für Familien, besonders für Eltern, die wollen, dass die nächste Generation mit einer richtigen Esskultur aufwächst und nicht mit Fertigprodukten. Ich bin Diätologin, arbeite sowohl mit Workshops von zu Hause aus als auch in einer Klinik, und diese Art zu kochen rettete mich bei vielen Gelegenheiten vor dem Verrücktwerden. Es handelt sich um eine der Methoden, die wenig Nachdenken und vor allem wenig Geschick erfordert. Ich entwickle zwar Rezepte, bin aber keine Meisterköchin, deshalb sind für die Rezepte in diesem Buch auch keine besonderen kulinarischen Fähigkeiten vonnöten. Sie werden einfache Rezepte vorfinden, die von jedem ausführbar sind.

Ich verbrachte mehrere Jahre mit dem Studium für ein Ernährungsdiplom am Institute of Optimum Nutrition, während ich eine Familie gründete, und erfuhr so am eigenen Leib, dass Familienleben und gesundes Essen nicht immer Hand in Hand gehen. Nach meinem Examen begann ich in Workshops und in meiner Ernährungsklinik, Elterngruppen, junge Athleten und Firmenangehörige bezüglich Wohlbefinden und optimaler Ernährung zu beraten. Mit der Zeit wurde mir bewusst, dass Theorie zwar gut ist, doch praktische Ratschläge noch besser sind. Der praktische Ratschlag, der hervorstach und die meisten Vorteile versprach, schien der in Form von einfachen Rezepten zu sein.

Wir begannen, Rezepte für meine Workshops zu entwickeln, und meine Kunden vermehrten sich in unerwarteter Zahl. Bald entwickelte ich Rezepte für größere Gesundheitskampagnen der BBC und der Krebsforschung, um nur ein paar zu nennen, aber auch für viele große Marken von Küchenutensilien. Es wurde für mich regelrecht zu einer Leidenschaft, ich mag es einfach. Ich arbeitete mit Schulen, für Sportorganisationen und Einzelpersonen, doch das, was mich am meisten fasziniert, ist, mit Familien zu arbeiten, um gesundes Essen leichter zu machen, ob es sich nun darum handelt, Lunch-Boxen interessanter oder die Zeit des Abendessens weniger stressig zu gestalten.

Alle Rezepte oder deren Kombination zielen darauf ab, viel Gemüse zu konsumieren sowie die richtige Ausgewogenheit anderer Nahrungsmittelgruppen zu präsentieren, insbesondere die richtigen Fette, d. h. jene, die der Körper aufspalten und verarbeiten kann, sowie die richtige Art von Eiweiß aus leicht erkennbaren Quellen und in unverfälschter und unverarbeiteter Form (außer bei Käse). Für ein einfaches Gericht mit der richtigen Kombination von Eiweiß, etwas Fett und einigen Kohlenhydraten, natürlich in unverarbeiteter Form, wird uns der Körper heute und in Zukunft dankbar sein. Das ist die Art zu essen, für die wir bestimmt sind. Während einige Mahlzeiten leichter, andere ausgeprägte Familienfestessen sind, gibt es auch einige, die einer Dinner-Party würdig sind. Ich mache auch Vorschläge, welche Rezepte sich gut kombinieren lassen.

Vor langer Zeit, als die Menschen das Feuer und dessen Vorteile entdeckten, explodierte die Anzahl der kulinarischen Möglichkeiten und wir begannen, uns so richtig zu entwickeln und als Spezies zu bestehen. Heutzutage entwickeln wir uns nicht mehr so gut, und man könnte sagen, wir überleben nur noch. Eines der Probleme des modernen Lebens ist das Überangebot an verarbeitetem Junk-Food. Dieses Buch möchte Ihnen zeigen, wie leicht es ist, den Schritt zu tun, farbenfrohe, verschiedenartige Blechgerichte zu kreieren. Diese Art Mahlzeit wird die ganze Familie mögen, auch weil es möglich wird, sich gemeinsam an den Tisch zu setzen. Wenn das wegen der unterschiedlichen Zeitpläne nicht möglich sein sollte, kann man Portionen bei niederer Temperatur im Ofen für später aufbewahren oder die Reste des Abendessens am nächsten Tag für Lunchboxen oder für ein frühes Abendessen für kleine Kinder verwenden.

Ich gebe Ihnen einen Rat: Geraten Sie nicht in Stress, indem Sie versuchen, Lebensmittel zu kaufen, die Ihre Kinder bei jeder Mahlzeit essen. Auch wenn sie sich weigern, etwas zu essen, gewöhnen sie sich daran, wenn sie diese Nahrungsmittel regelmäßig vor sich haben, und werden vielleicht einmal zugreifen. Zwingen Sie sie nur nicht, sie zu essen. Beim Kochen mit einem Blech kann man die Kinder auch helfen lassen, weil es so einfach ist. Die Erfahrung und wissenschaftliche Studien zeigen, dass jene, die in den Schaffensprozess einer Mahlzeit einbezogen werden, diese auch eher essen.

Das Buch zeigt, dass Kochen mit frischen Lebensmitteln keine Hexerei ist. Die Rezepte sind weder kompliziert, noch brauchen sie viel Zeit. Die Arbeit erledigt der Ofen. Sobald Sie mit der Methode besser vertraut sind, werden Sie merken, dass es unzählige Möglichkeiten gibt und Sie dadurch mehr Freizeit erlangen. Es ist kein Kompromiss vonnöten.

Gute Zutaten sind die wirkliche Grundlage gesunden Essens. Es war mir eine Freude, Rezepte zu entwickeln, die die richtigen Zutaten in einer ernährungstechnisch ausgewogenen Art kombinieren. Ich hoffe, Sie ziehen Gewinn aus der Einfachheit der Rezepte dieses Buches.

## VORRATSSCHRANK – ERKLÄRUNGEN

**Stevia-Pulver** ist ein natürlicher Süßstoff, der einen glykämischen Index von 0 aufweist. Das bedeutet, dass sich der Blutzuckerspiegel nicht erhöht, wenn man es isst. Achten Sie jedoch darauf, beim Einkauf klar zu sagen, was Sie suchen. Stevia sollte möglichst ohne künstliche Zusatzstoffe sein. Das Pulver in seiner reinen Form zu kaufen, bedeutet, dass man davon statt großer Mengen Zucker winzige Mengen verwendet, weil es so süß ist. So entsprechen 200 g Zucker etwa ½ TL Stevia.

**Kokoszucker** ist natürlicher Zucker aus dem Saft der Kokospalme. Anders als weißer, raffinierter Zucker enthält er mehrere Nährstoffe der Palme. Das philippinische Landwirtschaftsministerium maß für Kokoszucker einen glykämischen Index von 35, weit geringer als der für industriellen Zucker, der etwa bei 65 liegt.

**Knoblauchpulver** ist dehydrierter, gemahlener Knoblauch und verleiht Gerichten das Aroma, jedoch nicht die Textur von frischem Knoblauch.

**Zwiebelpulver** ist dehydrierte, gemahlene Zwiebel. Mit dieser Würze bekommt man ein großartiges Aroma.

**Senfpulver** besteht aus gemahlenen Senfkörnern. Es ist weniger scharf als Senf in Gläsern, den wir für Fleisch verwenden. Es ist jedoch ein Lieferant von fantastischem Aroma, besonders für Marinaden und Burger.

**Tamari oder Coco-Aminos-Würzsauce** Sojasauce wird unterschiedlich hergestellt, manchmal mit unerwünschten Zusatzstoffen. Tamari ist glutenfrei und oft mit weniger Additiven. Sollten Sie eine sojafreie Version vorziehen, empfehle ich Coco-Aminos-Würzsauce.

**Tempeh** ist fermentiertes Soja. Fermentierte Nahrungsmittel sind im allgemeinen gesund, da sie gute Bakterien im Darm vermehren.

**Miso** ist auch ein fermentiertes Sojaprodukt. Es produziert nicht nur nützliche Bakterien für den Darm, sondern verleiht Gerichten auch das befriedigende ‚Umami'.

**Kefir/Griechischer Joghurt** Sowohl Kefir als auch griechischer Joghurt guter Qualität enthält probiotische Bakterien, von denen erwiesen ist, dass sie die Anzahl von guten Bakterien im Darm erhöhen. Dies wiederum kann zu einer Verbesserung des Immunsystems führen.

**Kokosmilch-Joghurt** Für jene, die eine cremige Alternative zu Joghurt aus Milch suchen, sind heutzutage eine Reihe von milchfreien Joghurts auf Basis von Kokosmilch auf dem Markt.

**Ghee** ist Butter, aus der Flüssigkeit, Eiweiß und Zucker entfernt wurden. Deshalb verbrennt es nicht. Es ist außerdem eine Quelle für Vitamin A, D und $K_2$.

**Kokosfett** Die Struktur von Kokosfett, hauptsächlich bestehend aus mittelkettigen Triglyzeriden (andere gesättigte Fette bestehen zumeist aus langen Ketten), bedeutet, dass es leicht verdaulich ist.

**Crema di Balsamico** Diese Glasur besteht aus einer Mischung aus eingedicktem Traubenmost und Balsamico-Essig. Sie erzeugt einen molligeren, weniger herben Geschmack als Balsamico-Essig allein.

**Kochbananen** Obwohl sie zur Familie der Bananen gehören, muss man sie vor dem Verzehr kochen. Reife Kochbananen verwendet man für eine Vielzahl an süßen und salzigen Gerichten. Ich verwende hier frische, reife Kochbananen als Dessert und gebratene Scheiben von Kochbananen als glutenfreie knusprige Panier für Chicken-Nuggets.

## AUSRÜSTUNG – ERKLÄRUNG

Um viele ganze Mahlzeiten auf Blechen zuzubereiten, braucht man mindestens zwei unterschiedlich große Bleche. Während ich dieses Buch schrieb, probierte ich viele verschiedene Bleche aus. Ich würde sagen, bei meinen Lieblingen handelte es sich um Steingut, Edelstahl oder Silikon, weil sie leicht zu verwenden sind und den Geschmack nicht beeinflussen. Ich bin sicher, Sie haben ihre Vorlieben, aber wenn nicht oder wenn Sie erst beginnen zu kochen, ist wahrscheinlich Edelstahl die kostengünstigste Option.

Ich verwende kleine Größen, wie Brotformen mit Fassungsvermögen von 500 g/1 kg, ein 20 x 20 cm großes Blech und einen großen Bräter. Natürlich sind auch Utensilien wie Spatel, Pfannenwender und Holzlöffel wichtig; auch Löffelmaße, um Gewürze, Kräuter und andere Zutaten in der richtigen Menge zuzufügen.

Ich habe gern eine Küchenmaschine zur Hand, um Gerichte, besonders die mit Saucen, schneller zuzubereiten. Dass man damit z. B. Zwiebel, Knoblauch und Kräuter fein hacken kann, macht den ganzen Prozess weniger aufwendig. Das heißt nicht, dass Sie viel investieren müssen (besser gar nichts, wenn Sie, im Gegensatz zu mir, mit Messern gut umgehen und Dinge fein hacken können). Auch ein Pürierstab hilft, die Dinge zu beschleunigen.

Was geröstetes Gemüse betrifft, wird Ihnen dieses Buch viele Möglichkeiten eröffnen und einige Sorten für, sagen wir, limitierte Gaumen wesentlich anziehender machen als früher.

## WELCHES GEMÜSE ZUM RÖSTEN?

Wenn man ‚geröstetes Gemüse' bei Leuten erwähnt, sind ihre Antworten meist: ‚Oh, ja, wir essen gern zu Hause italienisches Röstgemüse', oder auch ‚Wir lieben Bratkartoffeln am Sonntag zu Mittag'. Man kann jedoch sehr viel mehr Gemüsesorten rösten, als die beiden bekannten Beispiele andeuten. Wenn Sie sich nicht sicher sind, ob man ein bestimmtes Gemüse rösten kann, lautet mein Rat, es einfach zu versuchen. Vielleicht wird es nicht zur bevorzugten Zubereitungsart für diese Sorte werden, aber es ist definitiv wert, damit zu experimentieren, um es herauszufinden.

**Eine ordentliche Dosis gutes Fett** Wenden Sie das Gemüse in genügend Öl, um es gleichmäßig damit zu überziehen. Ideale Fette sind Olivenöl, Ghee, Butter (geschmolzen) oder Kokosfett. Ein Blech benötigt wahrscheinlich 1–2 EL Öl/Fett. Auberginen sind eine Ausnahme, für sie braucht man bis zu 3 EL Öl bei einem großen Blech, weil sie so viel davon absorbieren, aber das ist andererseits ihre Anziehungskraft. Öl/Fett erleichtert das Kochen und verbessert den Geschmack.

**Gewürze** Die meisten Gemüsesorten profitieren von der Zugabe von Salz und oft auch von Pfeffer. Man kann aber auch andere geschmackvolle Würzen wie Essig, Gewürze und Kräuter zugeben, um die Aromen wirklich zum Leben zu erwecken.

**Das Blech mit Bedacht wählen** Damit das Gemüse gleichmäßig gar wird, sollte auf dem Blech etwas Platz sein. Deshalb ist es gut, jederzeit mehr als ein Blech zur Verfügung zu haben. Liegt das Gemüse zu dicht, wird es eher gedämpft als gebacken. Das ergibt weder den Geschmack noch die Textur, die Sie erreichen wollen.

**Den Ofen vorheizen** Stellen Sie sicher, dass der Ofen heiß ist, bevor Sie das Gemüse hinein schieben. Ich röste das Gemüse gern bei 200 °C (Gas Stufe 4). Aber dabei gibt es Ausnahmen. Zum Beispiel werden Röstkartoffeln besser und knuspriger, wenn die Temperatur höher ist.

**Wann ist das Gemüse gar?** Das Gemüse sollte weich sein, wenn man mit einer Gabel hineinsticht. Es können ruhig auch einige verkohlte Flecken an den Rändern auftreten.

**Allgemeine Röstzeit für Gemüse** bei 200 °C (Gas Stufe 4):
*Wurzelgemüse:* 35–45 Minuten, je nachdem, wie klein es geschnitten ist.
*Kohlgemüse:* 15–25 Minuten, je nachdem, wie klein es geschnitten ist.
*Grünes Gemüse und Nachtschattengewächse:* 10–30 Minuten, je nachdem, wie klein es geschnitten ist.
*Zwiebeln:* 30–45 Minuten, je nachdem, wie klein und knusprig sie sein sollen.

| GEMÜSE ZUM RÖSTEN | | GESUNDHEITSFAKTEN | KÖSTLICHE ZUTATEN |
|---|---|---|---|
| Grünes Gemüse | Spargel, Zucchini, Grünkohl | Wenig Kohlehydrate. Wenig Kalorien. Nährstoffdichte hoch – enthält Vitamin C, Vitamin K und Vitamin A. | Knoblauchsalz, Zitronensaft, Pesto/Basilikum, Salz, Pfeffer |
| Wurzelgemüse | Kartoffeln, Rüben, Rote Bete, Kürbis, orange/weiße Süßkartoffeln, Steck-/Kohlrüben, Pastinaken, Sellerie, Butternuss, Karotten | Wurzelgemüse absorbiert viele Nährstoffe aus dem Boden. Reich an Vitamin C, B-Vitaminen und Beta-Karotin. Quelle für langsam verbrennende Kohlehydrate. Quelle für Ballaststoffe. | Balsamico-Essig, Knoblauch, Salz, Pfeffer |
| Kohlgemüse | Brokkoli, Rosenkohl, Blumenkohl, Kraut | Enthält Antioxidantien (besonders Beta-Karotin und den chemischen Stoff Sulforaphan). Reich an Ballaststoffen, Vitaminen und Mineralstoffen. Enthält Indol-3-Carbinol, das Einfluss auf den Östrogenhaushalt hat und hormonbasierte Krebsarten verhindern helfen kann. Enthält die sekundären Pflanzenstoffe Isothiocyanate, die unseren Körper anregen, potenzielle Karzinogene abzubauen. | Gewürze – getrocknete Kurkuma, Kreuzkümmel, Chiliflocken, echter Schwarzkümmel, Speck |
| Nachtschattengewächse | Kartoffeln, Tomaten, Paprikaschoten, Auberginen | Quelle von Antioxidantien, Vitamin C und Beta-Karotin. | Oregano, Majoran, Käse wie Mozzarella oder Ziegenkäse |
| Zwiebel-Familie | Gelbe/rote Zwiebeln, Schalotten, Knoblauch, Lauch | Steht in Verbindung mit Gesundheitsverbesserungen, von Absenken des Cholesterinspiegels über Wundheilung bis zur Entzündungshemmung. Kraftwerk an Mineralstoffen und Vitaminen. | Balsamico-Essig, Thymian, Senf |
| Pilze | | Im allgemeinen haben asiatische Pilze die größten Vorteile für die Gesundheit. Pilze liefern einen ‚Umami'-Effekt, deshalb sind Pilzgerichte befriedigender und verringern die Nahrungsaufnahme. | Knoblauch, Thymian, Petersilie, Pesto |

# FLEISCH

# FRÜHSTÜCK - ALLES IN EINEM

Man braucht nur fünf Zutaten für das einfache Blechgericht. Es ist eine köstliche Abänderung des traditionellen Frühstücks mit Speck und Eier und so schnell zubereitet, dass man es immer gern macht.

4 große Wiesenchampignons
2 EL Olivenöl
12 Scheiben Parmaschinken/Prosciutto oder Bresaola
4 Eier
1 EL Petersilie, frisch gehackt
Meersalz und frisch gemahlener schwarzer Pfeffer

**ERGIBT 2 PORTIONEN**

Backofen auf 220 °C (Gas Stufe 5) vorheizen.

Champignons auf ein Blech mit Rand geben. Mit Olivenöl beträufeln und mit Salz und Pfeffer würzen.

15 Minuten im vorgeheizten Ofen backen. Überprüfen, ob die Pilze fast gar sind. Wenn nicht, weitere 5 Minuten backen.

Schinken oder Bresaola ebenfalls auf das Blech legen und die Eier darüber aufschlagen.

Weitere 7–10 Minuten backen, bis die Eier wachsweich sind.

Aus dem Ofen nehmen, mit frischer Petersilie bestreuen und genießen.

# FRÜHSTÜCKSOMELETT

Wer sagt, dass besonderes Essen für das Frühstück überhaupt existiert? In vielen Kulturen gibt es so etwas gar nicht. Essen ist Essen und kann zu jeder Mahlzeit verzehrt werden. Oft isst man Eier hauptsächlich zum Frühstück, deshalb nannte ich es Frühstücksomelett, aber ehrlich, man kann es zu jeder Tageszeit genießen.

6 Eier
2 mittelgroße Zucchini, geraspelt
2 mittelgroße Karotten, geraspelt
2 Zwiebeln, geraspelt
5 Scheiben ungeräucherter Rückenspeck, fein gehackt
1½ TL getrocknete gemischte Kräuter
55 g Ghee, plus ein wenig mehr zum Befetten des Blechs
55 g Kokosmehl
½ TL Meersalz
1 Prise frisch gemahlener schwarzer Pfeffer
20 x 25 cm Blech mit Rand, befettet

**ERGIBT 2-3 PORTIONEN**

Backofen auf 200 °C (Gas Stufe 4) vorheizen.

Eier in einer Schüssel verquirlen, bis sie leicht und luftig sind.

In einer großen Schüssel Eier, geraspeltes Gemüse, Speck, Kräuter, Ghee, Mehl und Gewürze vermengen.

Mischung auf das vorbereitete Blech gießen. Im vorgeheizten Ofen 45 Minuten backen, bis die Oberfläche goldbraun ist und nichts an einer in die Mitte gesteckten Gabel haften bleibt. Sofort servieren.

**Serviervorschlag:** Mit gebackenen Champignons und Avocadospalten servieren.

## GEBACKENE EIER MIT CHORIZO, TOMATEN & SPINAT

Ein köstlicher Mix von pikanter Chorizo und herben Tomaten, kombiniert mit proteinreichen Eiern. Der Augenschmaus voller bunter, natürlicher Zutaten gehört zu den Gewinnern unter den sättigenden Mahlzeiten!

- 160 g gefrorener Spinat (aufgetaut, überschüssiges Wasser mittels eines Siebes ausgedrückt, grob gerissen)
- 4 EL Chorizo-Wurst, grob gehackt
- 300 g passierte Tomaten
- ¾ TL Meersalz
- 4 Eier
- 1 Handvoll frischer Baby-Spinatblätter (optional)

**ERGIBT 2 PORTIONEN**

Backofen auf 220 °C (Gas Stufe 5) vorheizen.

Spinat, Chorizo und passierte Tomaten auf ein kleines Blech mit Rand legen, salzen und alles vermengen. Vier kleine Gruben in die Mischung drücken und die Eier hineinschlagen.

25 Minuten im vorgeheizten Ofen backen, bis das Eiweiß gar ist. Sofort servieren.

**Serviervorschlag:** Frische Baby-Spinatblätter knapp vor dem Servieren darauf verteilen, sodass sie leicht zusammenfallen.

## SÜSSKARTOFFELSTAMPF MIT GRÜNKOHL & GEBACKENEN EIERN

Eine Kombination aus Speck und Eiern mit den kräftigen Aromen von sonnengetrockneten Tomaten, Süßkartoffeln und dem Superfood-Blattgemüse Grünkohl ergibt diesen köstlichen Stampf.

- 2 mittelgroße Süßkartoffeln (etwa. 500 g), geschält und geraspelt
- 65 g Baby-Grünkohlblätter oder dieselbe Menge Grünkohl ohne Rippen, gehackt
- 6 Scheiben ungeräucherter Rückenspeck, dünn geschnitten
- 1½ EL getrockneter Oregano
- 90 g Pesto aus sonnengetrockneten Tomaten oder Mark aus sonnengetrockneten Tomaten
- 1 EL Olivenöl
- 6 Eier

**ERGIBT 2-4 PORTIONEN**

Backofen auf 200 °C (Gas Stufe 4) vorheizen.

Süßkartoffeln mit Grünkohl, Speck, Oregano, Pesto/Tomatenmark und Olivenöl vermengen. Mischung auf ein Blech mit Rand geben und 15 Minuten im vorgeheizten Ofen backen.

Sechs Gruben in die Mischung drücken und die Eier hineinschlagen. Weitere 7–10 Minuten backen, bis die Eier wachsweich sind. Servieren.

# BRATWURST MIT HONIG & SENF

Ah, Honig und Senf, eine klassische Geschmackskombination, die unsere Familie seit langem liebt. Als ich erfuhr, dass ich ein Kochbuch für Ofengerichte schreiben sollte, fiel mir diese Kombination mit Wurst sofort ein. Das Gericht gehört zu den Klassikern, die man immer wieder gerne zubereitet.

3 rote Zwiebeln, in dünne Spalten geschnitten
3 mittelgroße Süßkartoffel, geschält und längs in 1 cm große Halbkreise geschnitten
300 g Spargel, gewaschen und zugeputzt
10 Zuchtchampignons, sauber gewischt
2 EL Olivenöl
1 TL Meersalz
2 EL körniger Senf
2 EL Honig
24 Chipolatas

**ERGIBT 6 PORTIONEN**

Backofen auf 200 °C (Gas Stufe 4) vorheizen.

Gemüse auf einem großen Blech mit Rand mit Olivenöl und Salz vermengen und 10 Minuten im vorgeheizten Ofen backen.

In der Zwischenzeit Senf und Honig in einer großen Schüssel vermischen, Würste einlegen und ca. 10 Minuten marinieren.

Würste und Marinade ebenfalls auf das Blech geben und alles gut verrühren.

Weitere 25 Minuten backen, bis die Würste gar sind. Servieren.

# SCHWEINEFLEISCHBÄLLCHEN MIT ROSENKOHL & SÜSSKARTOFFELN

Rosenkohl – man liebt oder man hasst ihn? Hoffentlich überzeugt die Kombination Sie, dass er wirklich eine willkommene Zutat bei einigen Gerichten ist. Vertrauen Sie mir!

1 große Zwiebel, fein gehackt
2 TL Knoblauchsalz
1 kg Schweinehackfleisch
½ TL geriebene Muskatnuss
½ TL getrockneter Thymian
⅛ TL weißer Pfeffer
500 g Rosenkohl, zugeputzt
3 kleine Süßkartoffeln (etwa 500 g, geschält gewogen), geschält und in 2 cm große Würfel geschnitten
4 EL Olivenöl
½ TL Meersalz
3 Knoblauchzehen, zerdrückt
frischer Thymian, zum Servieren

**ERGIBT 4 PORTIONEN**

Backofen auf 200 °C (Gas Stufe 4) vorheizen.

In einer großen Schüssel Zwiebel, Knoblauchsalz, Schweinefleisch, geriebene Muskatnuss, getrockneten Thymian und weißen Pfeffer vermengen. Zu Kugeln in der Größe eines Tischtennisballs formen. Beiseitestellen.

Rosenkohl und Süßkartoffel in Olivenöl wenden, mit Salz bestreuen und den zerdrückten Knoblauch unterrühren.

Gemüse auf ein großes Blech mit Rand geben und 20 Minuten im vorgeheizten Ofen backen.

Fleischbällchen ebenfalls auf das Blech legen und weitere 25 Minuten backen, bis das Fleisch gar ist. Mit frischen Thymianblättern bestreut servieren.

## BRATWURST MIT SELLERIE & TOMATEN

Fein aromatische Sellerie und süß-herbe Tomaten passen vorzüglich zu den salzigen Würsten.

4 Selleriestangen, diagonal in etwa 2 cm breite Stücke geschnitten
1 rote Zwiebel, geviertelt
2 Knoblauchzehen, geschält
½ TL Meersalz
½ TL frisch gemahlener schwarzer Pfeffer
1 EL Olivenöl
4 große Tomaten (keine Ochsenherzen), geviertelt
1 TL Fenchelsamen
10 dicke Würste von guter Qualität

**ERGIBT 4 PORTIONEN**

Backofen auf 200 °C (Gas Stufe 4) vorheizen.

In einer großen Schüssel Zwiebel, Knoblauch, Salz, Pfeffer und Olivenöl vermengen. Gemüse auf ein Blech mit Rand geben und die Tomatenviertel an den äußeren Rändern des Blechs auflegen. Mit Fenchelsamen bestreuen. Würste auf das Gemüse, aber nicht auf die Tomaten legen.

55 Minuten im vorgeheizten Ofen backen. Würste und Gemüse während des Backens einmal wenden. Servieren.

**Serviervorschlag:** Mit gebackenen Süßkartoffeln servieren.

## SCHWEINEFILET MIT JERK-GEWÜRZ & ANANAS

1¼ TL Meersalz
2 EL Jerk-Gewürzmischung
500 g Schweinefilet
230 g Ananasscheiben aus der Dose, abgegossen (Saft aufbewahren)
300 g Frühkartoffeln, in 1 cm große Würfel geschnitten
1 TL Olivenöl
100 g Weißkohl, in dicke Scheiben geschnitten
1 EL Ghee oder Kokosfett

**ERGIBT 4 PORTIONEN**

Schweinefleisch und Ananas passen so gut zusammen! Das ist der Geschmack der Karibik. Dazu passt gut der cremige Coleslaw von Seite 122.

1 TL Salz und die Jerk-Gewürzmischung in einer Schüssel vermengen. Schweinefilet halbieren und jede Hälfte in der Salz-Jerk-Mischung wälzen und mit je 1 EL Ananassaft beträufeln. Abdecken und idealerweise 5–8 Stunden im Kühlschrank marinieren lassen.

Vor dem Kochen, Backofen auf 200 °C (Gas Stufe 4) vorheizen.

Kartoffeln auf ein Blech mit Rand geben, Weißkohl zugeben und alles mit Olivenöl beträufeln und mit Salz bestreuen.

Ghee oder Kokosfett in einer Pfanne erhitzen. Schweinefilets darin auf jeder Seite kurz anbraten. Jede Hälfte in Alufolie wickeln und auf das Blech mit den Kartoffeln legen. 25 Minuten im vorgeheizten Ofen garen.

Schweinefleisch aufschneiden und wieder auf das Blech legen. Den Saft aus den Folienpaketen auch auf das Blech gießen. Fleischscheiben mit dem Gemüse und weiteren 2 EL Ananassaft vermengen. Nur für 1 Minute zum Wärmen in den Ofen schieben. Teller mit je einem Ananasring servieren.

# ALLSEITS GELIEBTER HACKBRATEN & KNOBLAUCH-BROKKOLI

Einen Hackbraten muss man doch lieben! Dieser macht sicher eine ganze Familie satt und steckt außerdem voll verstecktem Gemüse. Eine Win-Win-Situation!

8 Scheiben ungeräucherter Rückenspeck
2 Karotten, grob gehackt
2 Selleriestangen, grob gehackt
1 Zwiebel, grob gehackt
2 Knoblauchzehen, geschält
3 EL Petersilie, frisch gehackt
800 g Hackfleisch
2 Eier
40 g geschrotete Leinsamen
65 ml Milch
1½ EL Butter/Ghee/Kokosfett
2 TL Meersalz
½ TL frisch gemahlener schwarzer Pfeffer
1 Kopf Brokkoli, in Röschen zerteilt
2 mittelgroße Zucchini, in 2 cm breite Scheiben geschnitten
1 TL Knoblauchsalz
2 TL Olivenöl
3 EL BBQ-Sauce (ohne Zucker) oder Crema di Balsamico

33 x 22 x 10 cm große Auflaufform

**ERGIBT 4-6 PORTIONEN**

Backofen auf 200 °C (Gas Stufe 4) vorheizen.

Vier Scheiben Speck auf den Boden der Auflaufform legen.

Karotten, Sellerie, Zwiebel, Knoblauch und Petersilie in einer Küchenmaschine fein hacken. In eine Schüssel geben und Hackfleisch, Eier, Leinsamen Milch und Butter/Ghee/Kokosfett sowie Gewürze gut einarbeiten.

Fleischmasse in der Auflaufform auf den Speck festdrücken und mit den restlichen Speckscheiben belegen, dabei die Enden an den Seiten der Form nach unten stecken.

25 Minuten im vorgeheizten Ofen backen.

In der Zwischenzeit das restliche, vorbereitete Gemüse auf ein Blech mit hohem Rand legen, mit Knoblauchsalz bestreuen und mit Olivenöl beträufeln.

Nach 25 Minuten die Oberfläche des Hackbratens mit BBQ-Sauce oder Crema di Balsamico bestreichen.

Zu diesem Zeitpunkt Gemüse in den Ofen schieben und sowohl den Hackbraten als auch das Gemüse weitere 25 Minuten backen. Gemüse während des Backens einmal umrühren.

Hackfleischbraten gemeinsam mit dem gerösteten Gemüse servieren.

# RINDFLEISCHBÄLLCHEN & CHORIZO IN MEDITERRANER SAUCE MIT PAPRIKASCHOTEN

Saftige spanische Fleischbällchen aus Rindfleisch und Chorizo, kombiniert mit süßen Paprikaschoten, ergeben ein fabelhaftes Eintopfgericht.

- 1 mittelgroße rote Paprikaschote, entkernt und in 1 cm breite Streifen geschnitten
- 1 mittelgroße orange Paprikaschote, entkernt und in 1 cm breite Streifen geschnitten
- ½ TL Meersalz
- 2 TL Olivenöl
- 1 Zwiebel, fein gehackt
- 1 Knoblauchzehe, fein gehackt
- 500 g passierte Tomaten
- 1 TL getrockneter Majoran oder Oregano
- 1 EL Tomatenmark
- 1 TL Knoblauchsalz
- ½ TL Honig
- 100 g Chorizo
- 400 g gehacktes Rindfleisch

**ERGIBT 4 PORTIONEN**

Backofen auf 200 °C (Gas Stufe 4) vorheizen.

Paprikaschoten auf ein Blech mit hohem Rand legen, mit Salz bestreuen und mit Olivenöl beträufeln. 15 Minuten im vorgeheizten Ofen backen.

In der Zwischenzeit Zwiebel, Knoblauch, passierte Tomaten, Majoran/Oregano, Tomatenmark, Knoblauchsalz und Honig in einer Schüssel zu einer Sauce verrühren.

Für die Fleischbällchen Chorizo fein hacken oder mit einer Küchenmaschine zu einer Paste pürieren und mit dem Hackfleisch vermengen. Hackfleisch zu 12 gleich großen Fleischbällchen formen.

Nachdem die Paprikaschoten 15 Minuten geröstet wurden, Sauce und Fleischbällchen ebenfalls auf das Blech legen. Mit Alufolie abdecken und weitere 25–30 Minuten braten, bis die Fleischbällchen gar, aber noch saftig sind und servieren.

# WURZELGEMÜSE & CORNED-BEEF-STAMPF

Der Geschmack meiner Jugend in den 1980er-Jahren, jedoch mit einem gesünderen Touch. Es bleibt der vertraute Geschmack von Corned Beef, hier kombiniert mit nährstoffreichem Wurzelgemüse statt der traditionellen Kartoffeln.

- 500 g gemischtes Wurzelgemüse, in einer Küchenmaschine grob gehackt (etwa 1 cm große Stücke)
- 3 kleine rote Zwiebeln, geviertelt
- 1 EL Worcestershire-Sauce
- 1 TL körniger Senf
- 1 EL gemischte Kräuter, frisch gehackt
- 3 EL Kokosfett oder Ghee
- 4 Eier
- 340 g wenig gesalzenes Corned Beef aus der Dose, in 2 cm große Würfel geschnitten

**ERGIBT 4 PORTIONEN**

Backofen auf 200 °C (Gas Stufe 4) vorheizen.

In einer großen Schüssel, Gemüse, Worcestershire-Sauce, Senf, Kräuter und Kokosfett oder Ghee vermengen.

Das überzogene Gemüse auf ein Blech mit Rand legen. 25 Minuten im vorgeheizten Ofen backen.

Aus dem Ofen nehmen, vier Gruben in das Gemüse drücken und die Eier hineinschlagen. Corned Beef zugeben und 6–9 Minuten, bis die Eier gar sind, weiter braten. Sofort servieren.

# STEAK-BURGER MIT BALSAMICO-RÖSTGEMÜSE

Okay, hier wird ein wenig geschummelt, denn die Steak-Burger sind nicht selbst gemacht, aber dieses schnelle Gericht für einen Wochentag wird sicher gern gegessen werden.

2 Zwiebeln, geachtelt
2 Zucchini, in 2 cm dicke Halbkreise geschnitten
6–8 Champignons, geviertelt
1 Kopf Brokkoli, in Röschen zerteilt
2 EL Olivenöl
1½ EL Crema di Balsamico
¾ TL Meersalz
8 Steak-Burger

**ERGIBT 4 PORTIONEN**

Backofen auf 200 °C (Gas Stufe 4) vorheizen.

In einer großen Schüssel Gemüse, Olivenöl, Crema di Balsamico und Salz vermengen.

Gemüse auf ein Blech mit Rand und die Steak-Burger auf ein zweites Blech legen. Beide Bleche in den vorgeheizten Ofen schieben und 25 Minuten backen, bis das Gemüse und die Burger gar sind. Servieren.

**Serviervorschlag:** Für eine pikante Variante kann auch etwas Chilisauce verwenden.

# BURGER MIT ROQUEFORT UND KNOBLAUCH-BROKKOLI

Das Geheimnis, wie Burger saftig und geschmackvoll werden, ist, sie abzuflachen und die richtige Garzeit zu erwischen. Sollten Sie Blauschimmelkäse nicht mögen, legen Sie einfach Ihren Lieblingskäse darauf oder verwenden gar keinen. Dazu passen knusprig geröstete Brokkoli gut.

800 g Rinderhackfleisch
1 TL Meersalz
1 TL getrockneter Thymian
1 TL Senfpulver
1 Ei
2 TL Worcestershire-Sauce
½ TL frisch gemahlener schwarzer Pfeffer
1 großer Kopf Brokkoli, in sehr kleine Röschen zerteilt
1 EL Olivenöl
½ TL Knoblauchsalz
1 Zweig Kirschtomaten (mit etwa 12 Tomaten darauf)
40 g Roquefort-Käse, zerkrümelt

**ERGIBT 4 PORTIONEN**

Backofen auf 200 °C (Gas Stufe 4) vorheizen.

In einer großen Schüssel Rindfleisch, Salz, Thymian, Senfpulver, Ei, Worcestershire-Sauce und Pfeffer vermengen. Mit den Händen wirklich ordentlich kneten, damit die Gewürze gleichmäßig verteilt werden. Die Mischung zu acht gleich großen Burger formen. Flachdrücken, sodass sie gleichmäßig garen.

Brokkoli auf ein Blech mit Rand setzen und mit Olivenöl beträufeln und mit Knoblauchsalz bestreuen. Burger auf ein Gitter legen und in den Ofen schieben, über einem zweiten Blech, damit das auslaufende Fett aufgefangen wird.

Burger und Brokkoli im vorgeheizten Ofen etwa 15–17 Minuten braten. Nach fünf Minuten wenden und den Zweig mit Kirschtomaten 10 Minuten vor Ende der Garzeit zugeben.

Sobald die Burger gar sind, mit zerkrümeltem Roquefort bestreuen und mit Brokkoli und Tomaten gemeinsam servieren.

# PIKANTES ROASTBEEF MIT BUTTERNUSS-KÜRBIS & KRAUT

Eine pikante Marinade bringt den Pep für dieses Roastbeef. Idealerweise sollte es für optimalen Geschmack und Textur eher rosa gebraten sein. Butternuss-Kürbis und Kraut saugen dabei die Aromen des Fleisches auf.

850 g Rindfleisch (aus der Oberschale)
300 g Butternuss-Kürbis, geschält, entkernt und in 2 cm große Stücke geschnitten
200 g Spitzkraut, in Scheiben geschnitten

**Für die Marinade**
2 TL Meersalz
1 TL Kokoszucker
1 TL geräuchertes Paprikapulver
1 TL Knoblauchpulver
1 TL Senfpulver
¾ TL getrockneter Majoran oder Oregano
¼ TL frisch gemahlener schwarzer Pfeffer
2 EL Olivenöl

**ERGIBT 6 PORTIONEN**

Zuerst die Zutaten für die Marinade in einer kleinen Schüssel verrühren.

Fleisch auf ein Blech mit Rand legen, das groß genug ist, Fleisch und Gemüse aufzunehmen. Fleisch gut mit der Marinade einreiben, mit Alufolie abdecken und bei Raumtemperatur 1 Stunde ruhen lassen.

Backofen auf 200 °C (Gas Stufe 4) vorheizen.

Nach dieser Stunde Butternuss-Kürbis zum Fleisch auf das Blech legen und beides gemeinsam im vorgeheizten Ofen 1 Stunde 10 Minuten braten (Fleisch dabei in der Alufolie lassen).

30 Minuten vor Ende der Garzeit Kraut zugeben und die Alufolie entfernen. Gleichzeitig alles einmal gut durchrühren.

Sobald die Garzeit um ist, den Ofen ausschalten und den Rinderbraten aus dem Ofen nehmen. Wieder in Alufolie wickeln und ruhen lassen, während das Gemüse in der Restwärme des Ofens ruht.

Nach 10 Minuten Roastbeef in dünne Scheiben schneiden und mit dem Gemüse servieren.

**Serviervorschlag:** Mit cremigem Coleslaw (Seite 122) und Auberginen-Püree (Seite 125) servieren.

# MIT RINDFLEISCH GEFÜLLTE TOMATEN

Eigentlich war es mein Vater, der mich gebeten hatte, die ‚tomates farcies', wie wir sie früher nannten, wiederzubeleben. Die Erinnerung an die Sommerferien 1989, als das Gericht so beliebt war, dass wir viel zu viel davon aßen, inspirierte ihn. 30 Jahre danach, als er wusste, dass ich dieses Buch schreibe, fand er wieder Geschmack daran.

8 große Tomaten (keine Ochsenherzen)
250 g Hackfleisch
25 g Brösel oder fein gemahlene Cornflakes
25 g geriebene Mandeln
½ Zwiebel, grob gehackt
2 EL glatte Petersilie, frisch gehackt
1 EL Thymian, frisch gehackt
40 g Gruyère-Käse, gerieben
½ TL Meersalz
1 EL Olivenöl
Meersalz und frisch gemahlener schwarzer Pfeffer

**ERGIBT 4 PORTIONEN**

Backofen auf 200 °C (Gas Stufe 4) vorheizen.

Obere Enden der Tomaten abschneiden und beiseitegeben.

Samen und Fruchtfleisch mit einem gezackten Löffel oder mit einer Kombination aus Messer und Löffel vorsichtig entfernen, Tomaten nicht einschneiden.

In einer großen Schüssel Hackfleisch, Brösel oder Cornflakes, geriebene Mandeln, Zwiebel, Kräuter, geriebenen Käse und ½ TL Salz gut vermengen, vorzugsweise mit den Händen.

Die leeren Tomaten auf ein Blech mit Rand setzen und jeweils mit der Rindfleischmischung füllen.

Tomatendeckel wieder auf die Tomaten setzen, mit Olivenöl beträufeln und mit Salz und Pfeffer bestreuen. 30 Minuten im vorgeheizten Ofen backen, bis die Tomaten weich sind und das Fleisch durchgegart ist. Servieren.

**Serviervorschlag:** Mit doppelt gebackenen Käsekartoffeln (Seite 117) und Zitronen-Fenchel-Salat (Seite 122) servieren.

# STEAK & CHIPS

2 Minutensteaks
2 Süßkartoffeln, geschält und in 1 cm breite Chips/Pommes schneiden
1 TL extra natives Olivenöl
½ TL Meersalz
10 Kirschtomaten, halbiert

**Für die Marinade**
2 TL Crema di Balsamico
2 EL Olivenöl
¼ TL Dijon-Senf
¼ TL Knoblauchsalz
¼ TL Meersalz

**ERGIBT 2 PORTIONEN**

Das Geheimnis dieses schnellen Steaks, besonders des billigeren Minutensteaks, sind die Marinade und die Marinierzeit vor dem Kochen. Das Steak braucht ein wenig, aber nicht allzu viel Planung im Voraus und ist schnell und einfach zuzubereiten.

Für die Marinade alle Zutaten in einer Schüssel verrühren oder in einer Flasche schütteln. Steaks in einer flachen Schüssel mit der Marinade übergießen und im Kühlschrank nicht zugedeckt 8-12 Stunden marinieren lassen, dabei alle paar Stunden wenden.

Vor dem Kochen Steaks aus dem Kühlschrank nehmen. Backofen auf 200 °C (Gas Stufe 4) vorheizen.

Süßkartoffel-Chips/Pommes auf einem Blech mit Olivenöl und Salz vermengen. Im vorgeheizten Ofen 15–20 Minuten braten. Vom Blech nehmen.

Steaks und Kirschtomaten auf das benützte Blech legen, Griller auf hohe Temperatur vorheizen. Steaks 2 Minuten auf einer Seite, 1 Minute auf der anderen Seite grillen. Steaks mit Süßkartoffel-Chips/Pommes und Tomaten servieren.

## RAUCHIGE LAMMRIPPCHEN MIT LANGSAM GERÖSTETEN KAROTTEN

1 TL Kokoszucker
½ TL geräuchertes Paprikapulver
½ TL Senfpulver
½ TL Knoblauchpulver
½ TL Zwiebelpulver
¼ TL Chiliflocken/Chilipulver
¼ TL Meersalz
1 TL getrockneter Oregano
1 TL Apfelessig
2 EL Olivenöl
4 große Karotten, in 5 cm lange Stifte geschnitten
600 g Lammrippchen

**ERGIBT 2-3 PORTIONEN**

So ein günstiges Stück Fleisch und so unterschätzt. Erleben Sie, wie die geschmackvollen Lammrippchen alle begeistern und Ihre wöchentliche Lebensmittelrechnung im Rahmen bleibt.

Backofen auf 140 °C (Gas Stufe 1) vorheizen.

In einer kleinen Schüssel Zucker, Paprikapulver, Senfpulver, Knoblauchpulver, Zwiebelpulver, Chiliflocken/Chilipulver, Salz, Oregano, Essig und Olivenöl vermengen.

Karottenstifte auf ein Blech mit Rand legen und die Lammrippchen daraufsetzen. Rippchen mit der Gewürzmischung einreiben.

Im vorgeheizten Ofen 1 Stunde braten, dann die Hitze auf 140 °C (Gas Stufe 1) reduzieren und mit Alufolie fest abdecken. Weitere 1½ Stunden braten. Servieren.

**Serviervorschlag:** Mit perfekt gerösteten Kartoffeln (Seite 117) oder, wenn man etwas wünscht, das dem reichen Geschmack der Rippchen entgegenhält, mit Fenchel-Zitronen-Salat (Seite 122) servieren.

## LAMM-BURGER MIT MINZE & GEMÜSE

500 g gehacktes Lammfleisch
2 Schalotten, klein gewürfelt
1 Knoblauchzehe, zerdrückt
10 g frische Minze, gehackt
½ TL gemahlener Kreuzkümmel
1 TL Meersalz
2 mittelgroße Süßkartoffeln, geschält und in 3 x 1 cm große Chips/Pommes geschnitten
½ Blumenkohl, in Röschen zerteilt
1 TL Olivenöl

**ERGIBT 4 PORTIONEN**

Minze und Lamm sind ideale Partner, die auch bei diesen saftigen Burgern gut zusammenpassen. Es ist ein sehr befriedigendes Frühlingsgericht.

Backofen auf 200 °C (Gas Stufe 4) vorheizen.

In einer großen Schüssel gehacktes Lammfleisch, Schalotten, Knoblauch, Minze, Kreuzkümmel und ½ TL Salz mit den Händen gut verkneten. Vier große, flache Burger daraus formen.

Süßkartoffel-Chips/Pommes und die Blumenkohlröschen auf ein Blech mit Rand legen. Mit Olivenöl beträufeln und mit dem restlichen Salz bestreuen.

Im vorgeheizten Ofen 20 Minuten braten. Danach die Burger ebenfalls auf das Blech legen und weitere 15 Minuten braten. Überprüfen, ob die Burger gar sind, und sofort servieren.

**Serviervorschlag:** Mit Avocado-Mayonnaise und Auberginen-Püree (Seite 125) servieren.

# LAMM-SPIESSE MIT RÖSTGEMÜSE

Lamm verfügt über fantastische Aromen und passt wunderbar für Rezepte im Ofen, wie bei diesem Gericht mit Honig, Knoblauch, Tomaten und Tamari.

- 2 Knoblauchzehen, in dünne Scheiben geschnitten
- 2 EL Tamari
- 2 EL Tomatenmark
- 1 EL Honig
- 5 Zweige frischer Thymian
- 800 g Lammfilet, in 2 cm große Würfel geschnitten
- 3 große Karotten, diagonal in 2 cm breite Stücke geschnitten
- 2 EL Olivenöl
- 2 mittelgroße rote Zwiebeln, geviertelt
- 2 mittelgroße Zucchini, der Länge nach halbiert, dann in 2 cm breite Stücke geschnitten
- 200 g Champignons
- Meersalz
- 4 Metallspieße

**ERGIBT 4 PORTIONEN**

Backofen auf 200 °C (Gas Stufe 4) vorheizen.

Für die Marinade Knoblauch, Tamari, Tomatenmark, Honig und die Blätter von zwei Thymianzweigen vermengen.

Fleisch mit der Marinade vermengen und marinieren lassen, während man das Gemüse vorbereitet und röstet.

Karotten auf ein Blech mit Rand geben mit einem Teil des Olivenöls beträufeln und mit einer großzügigen Prise Salz bestreuen und in den vorgeheizten Ofen schieben. Nach 10 Minuten Zwiebeln, Zucchini, Champignons und den restlichen Thymian auf das Blech geben. Mit dem restlichen Olivenöl beträufeln, etwas nachsalzen und weitere 5 Minuten braten.

In der Zwischenzeit Fleisch auf vier Metallspieße stecken. Diese auf das Blech mit dem Gemüse legen. Für weitere 10 Minuten in den Ofen schieben, bis das Fleisch zart und gar und das Gemüse fertig zum Verzehr ist und servieren.

# LAMM-KÖFTE (FLEISCHBÄLLCHEN) & DUFTENDE SÜSSKARTOFFEL-WEDGES

Diese Köfte sind eines unserer Familienfavoriten. Wir lieben sie in allen möglichen Formen, als BBQ, Eintopf oder wie hier als gebratene Fleischbällchen.

**Für die Fleischbällchen**
- 800 g gehacktes Lammfleisch
- ¼ TL gemahlene Kurkuma
- ½ TL gemahlener Kreuzkümmel
- 1 TL Knoblauchgranulat
- 1 TL Zwiebelpulver
- 1 TL Meersalz
- 1 rote Zwiebel, fein gehackt
- 2 große Knoblauchzehen, gehackt
- 20 g frischer Koriander, gehackt
- 1 EL Honig

**Für die Wedges**
- 1 kg Süßkartoffeln, in Wedges geschnitten
- 1 TL gemahlener Kreuzkümmel
- 1 TL echter Schwarzkümmel
- ½ TL Meersalz
- 1 TL Olivenöl, Ghee oder geschmolzenes Kokosfett

**ERGIBT 4 PORTIONEN**

Backofen auf 200 °C (Gas Stufe 4) vorheizen.

Für die Wedges die Süßkartoffelstücke in einer Schüssel mit Kreuzkümmel, echtem Schwarzkümmel, Salz und Olivenöl, Ghee oder Kokosfett vermengen. Wedges mit genügend Abstand auf ein beschichtetes Blech mit Rand legen und 25 Minuten im vorgeheizten Ofen backen, dabei einmal wenden.

In der Zwischenzeit die Fleischbällchen zubereiten. In einer großen Schüssel alle Zutaten dafür mit den Händen gut vermengen. Zu kleinen Bällchen formen (etwa 20–25 insgesamt) und nach 25 Minuten Garzeit zu den Süßkartoffeln auf das Blech legen.

Weitere 15 Minuten braten, bis alles gar ist. Köfte gemeinsam mit den Wedges servieren.

**Serviervorschlag:** Mit Avocado-Mayonnaise (Seite 122) und Quinoa-Tabouleh (Seite 118) servieren.

# MARINIERTE LAMMKOTELETTS MIT KNOBLAUCH-TOMATEN & WEISSEN BOHNEN

Das ist ein Sommergericht, das ein wenig Zeit zum Marinieren braucht, aber es ist das Warten wert. Man kann mit relativ wenig Zutaten ein wahrlich köstliches Mahl zubereiten.

- 8 Lammkoteletts
- 7 Pflaumentomaten
- 3 Knoblauchzehen, geschält
- 400 g Cannellini-Bohnen oder weiße Kidney-Bohnen aus der Dose, abgegossen und abgespült
- 2 EL frischer Basilikum, gehackt
- 1 TL Olivenöl
- ½ TL Meersalz
- frisch gemahlener schwarzer Pfeffer

**Für die Marinade**
- 75 ml Olivenöl
- 40 ml/3 EL roter Weinessig
- 1 TL Meersalz

**ERGIBT 4 PORTIONEN**

In einer flachen Schüssel (groß genug für alle Lammkoteletts) die Zutaten für die Marinade vermengen. Lammkoteletts einlegen und darin wenden, mit Alufolie abdecken und im Kühlschrank 2 Stunden marinieren lassen. 30 Minuten vor dem Zubereiten aus dem Kühlschrank nehmen.

Backofen auf 200 °C (Gas Stufe 4) vorheizen.

Tomaten halbieren und mit dem Knoblauch auf ein Blech legen. Das marinierte Lammfleisch plus 1 EL Marinade zugeben. Ohne Deckel 15–20 Minuten im vorgeheizten Ofen backen, dann Basilikum, Olivenöl, Salz und Pfeffer zugeben und den weichen Knoblauchzehen mit dem Rücken einer Gabel zerdrücken, danach abschmecken.

Ofen ausschalten, Blech wieder zurück in den Ofen schieben, und in der Restwärme die Bohnen erwärmen. Nach 5 Minuten servieren.

# PERFEKT GEBRATENE LAMMKOTELETTS MIT ROSMARIN-GEMÜSE

Ein leichtes, aromatisches Lammgericht das ganze Jahr über, das mit gerösteten Kichererbsen mit Kreuzkümmel (Seite 121) und Auberginen-Püree (Seite 125) köstlich schmeckt.

- 8 Lammkoteletts
- 1½ TL Meersalz
- 500 g kleine neue Kartoffeln
- 2 Zweige frischer Rosmarin halbiert
- 1 EL Olivenöl
- 2 Knoblauchzehen, geschält
- 400 g Kirschtomaten
- 250 g Champignons, in dünne Scheiben geschnitten
- 1 EL Crema di Balsamico

**ERGIBT 4 PORTIONEN**

Backofen auf 220 °C (Gas Stufe 5) vorheizen.

Lammkoteletts in eine flache Schüssel legen und mit 1 TL Salz bestreuen. Beiseitestellen.

Kartoffeln und Rosmarin auf ein großes Blech mit Rand legen. Kartoffeln mit dem restliches Salz bestreuen und mit Olivenöl beträufeln. Im vorgeheizten Ofen 20 Minuten braten.

Lammkoteletts und Knoblauchzehen ebenfalls auf das Blech legen und weitere 20 Minuten braten. 10 Minuten vor Ende der Garzeit Tomaten und Champignons mit der Crema di Balsamico zugeben und unterrühren. Sobald alles gar ist, servieren.

# 7-STUNDEN-LAMM MIT GERÖSTETEN KAROTTEN & KNOLLENSELLERIE

Dieses saftige Lammgericht benötigt wenig Vorbereitung, aber das Braten dauert eine Weile. Doch das Warten lohnt sich. Die erdige Süße der langsam gerösteten Karotten und Knollensellerie passen perfekt zum Lamm. Sollten Sie zu wenig Gemüse haben, können Sie auch Spinat in die eingedickte Sauce geben und zusammenfallen lassen.

1 EL Meersalz
1 ganzen Lammkeule (mit Knochen), etwa 2 kg
1 EL Olivenöl
4 große Karotten, in 2–3 cm dicke Scheiben geschnitten
1 Knollensellerie, geschält und gewürfelt
300 ml trockener Weißwein
300 ml Brühe (Fleisch oder Gemüse)

**ERGIBT 8 PORTIONEN**

Backofen auf 120°C (Gas Stufe 1/2) vorheizen.

Lammfleisch mit Salz bestreuen. Ein Blech mit hohem Rand auf die Herdplatte stellen und darin das Olivenöl erhitzen. Lamm im Öl auf allen Seiten scharf anbraten. Überschüssiges Fett abgießen. Gemüse auch auf das Blech legen und eng zusammenschieben.

Wein und Brühe zugießen und das Blech auf die Herdplatte setzen und bei mittlerer Hitze die Sauce zum Kochen bringen.

Alufolie mit Küchenhandschuhen fest über das Blech spannen, dann für 7 Stunden in den vorgeheizten Ofen schieben und garen, zwischendurch das Fleisch zwei Mal mit der Sauce übergießen.

Lamm und Gemüse vom Blech auf einer vorgewärmte Platte anrichten und mit Alufolie abdecken. Sauce auf der Herdplatte nochmals erhitzen und eindicken lassen.

Lammkeule aufschneiden und mit dem gebratenen Gemüse und mit ein wenig Sauce begossen servieren.

# HONIGSENF-LAMM & PASTINAKEN

Ein köstlicher Mix von Honig und Senf hält das Lamm saftig und geschmackvoll. Ein Gewinner unter den Rostbraten, der auch beeindruckt. Servieren Sie es mit doppelt gebackenen Käse-Kartoffeln (Seite 117) als reichhaltiges Wintergericht oder mit Bohnen-Püree (Seite 121) als leichtere Variante.

½ Lamm-Unterkeule, etwa 1 kg
60 ml Tamari
2 EL Honig
1½ EL körniger Senf
2 EL warmes Wasser
5 Pastinaken, geschält und der Länge nach gedrittelt
4 Zweige frischer Rosmarin

**ERGIBT 4 PORTIONEN**

1 Stunde vor Kochbeginn Lamm aus dem Kühlschrank nehmen.

Für die Marinade Tamari, Honig, Senf und warmes Wasser in einer Schüssel vermengen.

Lamm auf ein Blech mit hohem Rand legen und die Marinade darübergießen. 1 Stunde marinieren lassen, während des Bratens einige Male wenden.

Backofen auf 200 °C (Gas Stufe 4) vorheizen.

Pastinaken und Rosmarin auf das Blech geben, Lamm aufsetzen und Gemüse unter dem Fleisch eng zusammenschieben. Etwas Marinade über das Lamm träufeln.

Blech in den vorgeheizten Ofen schieben und für ‚rare' etwa 55 Minuten braten, für ‚medium' 10 Minuten länger im Ofen lassen.

Lamm aus dem Ofen nehmen, in Alufolie einwickeln und 10 Minuten vor dem Servieren mit den Pastinaken ruhen lassen. Die Pastinalen können bei Restwärme im Ofen bleiben, während das Fleisch ruht.

# GEFLÜGEL

# COQ AU VIN

Das ist die leichtere Version des eher winterlichen Klassikers mit Rotwein. Hier wird er mit Weißwein zubereitet, so wird es sommerlicher. Ein Lieblingsgericht für die ganze Familie!

250 g ungeräucherter, durchwachsener Speck, gewürfelt
6 Bananenschalotten, halbiert
3 Knoblauchzehen, zerdrückt
1 EL frischer Thymian, gehackt
3 Zweige frischer Rosmarin
8 Hähnchen-Oberkeulen (mit Haut), große halbieren
3 EL Olivenöl
250 ml plus 1 EL trockener Weißwein
350 g Champignons, geviertelt
400 g weiße Bohnen, wie Cannellini, aus der Dose, abgegossen und abgespült
Meersalz
2 EL frische, glatte Petersilie, gehackt, zum Servieren

**ERGIBT 4 PORTIONEN**

Backofen auf 200 °C (Gas Stufe 4) vorheizen.

Speck, Schalotten, Knoblauch, Thymian und Rosmarin auf ein Blech mit Rand geben. Hähnchenkeulen darauflegen.

Mit Salz bestreuen und mit Olivenöl beträufeln.

20 Minuten im vorgeheizten Ofen braten. Wein, Champignons und weiße Bohnen zugeben und alles gut vermengen, danach weitere 25 Minuten braten, bis das Hähnchen gar ist. Mit Petersilie bestreut servieren.

# GEBRATENES HÄHNCHEN MIT ROTEM PAPRIKA

8–10 neue Kartoffeln, der Länge nach geviertelt
1 TL Olivenöl
1 TL Meersalz
1 Zwiebel, fein gehackt
1 Knoblauchzehe, fein gehackt
1 rote Paprikaschote, entkernt und sehr fein gehackt
½ TL Majoran oder Oregano
¾ TL geräuchertes Paprikapulver
400 g geschälte Tomaten aus der Dose, in Stücken
200 g kleine Hähnchenfilets
1 EL frischer Oregano, gehackt

**ERGIBT 2 PORTIONEN**

Das Gericht schmeckt nach Ferien in Spanien. Es kocht sich von selbst, während man den nächsten Sommerurlaub plant.

Backofen auf 200 °C (Gas Stufe 4) vorheizen.

Kartoffeln auf ein kleines Blech mit Rand geben, mit Olivenöl beträufeln und mit ¼ TL Salz betreuen.

Im vorgeheizten Ofen 20 Minuten braten. Sicher stellen, dass die Kartoffeln gar sind. Wenn nicht, etwas länger braten..

In der Zwischenzeit die Sauce zubereiten. Zwiebel, Knoblauch, rote Paprikaschote, Kräuter, Paprikapulver, restliches Salz und Tomaten in einer Schüssel verrühren. Hähnchen und Sauce zu den Kartoffeln geben, mit Alufolie abdecken und weitere 20 Minuten braten, bis das Hähnchen gar ist. Wenn gewünscht, mit dem frischen Oregano bestreuen und servieren.

# HARISSA-HÄHNCHEN & KICHERERBSEN-EINTOPF

Saftig, pikantes Hähnchen, mit im Mund zergehenden Kichererbsen – das eiweißreiche Gericht fühlt sich luxuriöser an, als es die Zutaten versprechen.

500 g Hähnchenbrüste, ohne Haut und Knochen, in 4 cm große Stücke geschnitten
1 Zucchini, in 5 mm breite Scheiben geschnitten
1 Zwiebel, in 16 Scheiben geschnitten
2 große, flache Pilze, in dicke Scheiben geschnitten
1 TL Olivenöl
½ TL Meersalz
400 g Kichererbsen aus der Dose, abgegossen und abgespült

**Für die Marinade**
1 EL Honig oder Ahornsirup
1½ TL Harissa-Gewürzmischung
2 EL Olivenöl
½ TL Meersalz

**ERGIBT 4 PORTIONEN**

Backofen auf 220 °C (Gas Stufe 5) vorheizen.

Zuerst die Marinade zubereiten. Alle Zutaten in einer großen Schüssel vermengen. Hähnchenstücke zugeben und gut mit der Marinade überziehen. Beiseitestellen.

Zucchini, Zwiebel und Pilze auf ein Blech mit Rand legen, mit Olivenöl beträufeln und mit Salz bestreuen. Im vorgeheizten Ofen 20 Minuten braten, dabei einmal umrühren.

Das marinierte Hähnchenfleisch und die Marinade ebenfalls auf das Blech geben und alles gut vermengen. Etwa für 15 Minuten in den Ofen schieben, bis das Fleisch gar ist. Wenn nicht, alles etwas länger im Ofen lassen.

Zuletzt die Kichererbsen zugeben und noch einige Minuten im Ofen erwärmen. Sofort servieren.

**Serviervorschlag:** Mit einem einfachen Salat (Seite 125) und/oder Auberginen-Püree (Seite 125) servieren.

# CORNFLAKES-CHICKEN NUGGETS MIT SÜSSKARTOFFEL-CHIPS & GERÖSTETEN KIRSCHTOMATEN

Eines meiner Kinder hat eine Freundin, die richtiges Kinderessen Gerichten für Erwachsene vorzieht. Wenn sie zu uns kommt, ändere ich die Rezepte leicht ab. Ihrer Meinung nach waren das ‚die besten Nuggets, die ich jemals gegessen habe'. Das nenne ich ein Kompliment!

2 mittelgroße Süßkartoffeln, geschält und in 1 cm dicke Chips/Pommes geschnitten
1 TL Olivenöl
¾ TL Meersalz
120 g Cornflakes
1 Ei
125 ml Milch oder Milchersatz
1 EL Pfeilwurzpulver
¼ TL Knoblauchsalz
4 Hähnchenbrüste, ohne Haut und Knochen, in 4 x 2 cm große Nuggets geschnitten
16 Kirschtomaten am Zweig

**ERGIBT 4 PORTIONEN**

Backofen auf 200 °C (Gas Stufe 4) vorheizen.

Süßkartoffeln auf ein Blech mit Rand legen, mit Olivenöl beträufeln und mit ½ TL Salz bestreuen. 35 Minuten im vorgeheizten Backofen backen.

In der Zwischenzeit Cornflakes in einer Küchenmaschine fein reiben, alternativ Cornflakes in einem gut verschlossenen Tiefkühlbeutel mit einem Nudelholz zerkleinern. In eine Schüssel geben.

In einer Schüssel Ei mit Milch, Pfeilwurz, Knoblauchsalz und ¼ TL Salz verquirlen.

Chicken Nuggets zuerst in die Eimischung, dann in die Cornflakes tauchen und auf ein separates Blech legen. Während der letzten 10 Minuten zu den Kartoffeln in den Ofen schieben. Tomaten ebenfalls 10 Minuten vor Ende der Garzeit auf das Blech mit den Süßkartoffeln legen. Sofort servieren.

# CHICKEN NUGGETS MIT GERÖSTETEN TOMATEN, OLIVEN & SPARGEL

Dies ist ein fantastisch einfaches, glutenfreies Chicken-Nugget-Rezept, das schnell zuzubereiten ist und mit saftigen gerösteten Tomaten, Oliven und Spargel ergänzt wird.

600 g Kirschtomaten, halbiert
20 Spargelspitzen
6 Knoblauchzehen, halbiert
1 EL Olivenöl
½ TL Meersalz
170 g Kochbananen-Chips
2 TL Knoblauchpulver
190 g rotes Pesto aus dem Glas
4 Hähnchenbrüste, ohne Haut und Knochen, in Mini-Filets geschnitten
110 g entkernte schwarze Oliven aus dem Glas, abgegossen

**ERGIBT 4 PORTIONEN**

Backofen auf 200 °C (Gas Stufe 4) vorheizen.

Tomaten, Spargel und Knoblauchzehen auf einem Blech mit Rand verteilen. Mit Olivenöl beträufeln und mit Salz bestreuen. 15 Minuten im vorgeheizten Backofen rösten.

Für die Chicken Nuggets die Kochbananen-Chips in einer Küchenmaschine oder in einem Plastikbeutel mit einem Nudelholz zu Bröseln zerkleinern. Kochbananenbrösel in eine Schüssel geben und mit dem Knoblauchpulver vermengen. Rotes Pesto in eine separate Schüssel geben. Jedes Mini-Filet zuerst in das rote Pesto, dann in die Kochbananen-Mischung drücken.

Nachdem Tomaten und Spargel 15 Minuten im Ofen waren, Oliven zugeben. Chicken Nuggets auf ein separates Blech legen und 12 Minuten backen. Sobald die Nuggets gar sind, servieren.

# FALSCHES HÄHNCHEN KIEW MIT TOMATEN, ZUCCHINI & NEUEN BRATKARTOFFELN

20 mittelgroße neue Kartoffeln, in 15 mm große Würfel geschnitten
1 EL Olivenöl
4 Hähnchenbrüste, ohne Haut und Knochen
2 Knoblauchzehen, geschält
10 g frische glatte Petersilie, mit Stängel
60 g/4 EL gesalzene Butter, weich
12 Kirschtomaten
1 Zucchini, in 1 cm dicke Scheiben geschnitten
½ TL Knoblauchsalz

**ERGIBT 4 PORTIONEN**

Kids werden das lieben! Es schmeckt ganz ähnlich wie die panierte Version – für mich ist jedoch diese die wahre. Glauben Sie mir, niemand wird die Brösel vermissen.

Backofen auf 200 °C (Gas Stufe 4) vorheizen.

Kartoffeln auf einem Blech mit dem Olivenöl vermengen.

Vier Rechtecke aus Alufolie oder Backpapier ausschneiden (groß genug, dass man die Ränder über dem Fleisch einschlagen kann) und je eine Hähnchenbrust daraufsetzen.

Mit einem scharfen Messer die Hähnchenbrüste der Länge nach einschneiden, aber nicht durchschneiden.

In einer Küchenmaschine Knoblauch und Petersilie zerkleinern und dann die Butter einarbeiten. Mischung gleichmäßig in den Taschen der Hähnchenbrüste verteilen.

Drei Kirschtomaten und einige Zucchinischeiben in jedes Paket geben und mit Knoblauchsalz bestreuen. Pakete fest verschließen und zwischen den Kartoffel auflegen, dabei Kartoffeln unter den Paketen sorgfältig wegschieben. 30–35 Minuten im vorgeheizten Ofen backen, bis die Hähnchenbrüste gar sind.

**Serviervorschlag:** Mit gebackenen Süßkartoffeln servieren.

# GEBRATENE HÄHNCHENKEULEN MIT PFLAUMEN & ESTRAGON

Es gibt großen skandinavischen Einfluss in vielen Küchen, was mir persönlich gut gefällt, besonders, wenn es sich um billige Qualitätsmöbel und köstliche Rezepte handelt. Diese Kombination von Hähnchen, Pflaumen und Estragon ist von einem skandinavischen Original inspiriert.

8 Hähnchen-Oberkeulen
2 TL Knoblauchsalz
20 g frischer Estragon
4 große Pflaumen, halbiert und entkernt
5 Schalotten, halbiert
1 Kopf Brokkoli, in Röschen zerteilt
2 TL Olivenöl
frisch gemahlener schwarzer Pfeffer

**ERGIBT 4 PORTIONEN**

Backofen auf 180 °C (Gas Stufe 3) vorheizen.

Hähnchenstücke auf ein Blech mit hohem Rand legen.

Knoblauchsalz, Estragon, Pflaumen, Schalotten und Pfeffer nach Geschmack vermengen.

45–50 Minuten im vorgeheizten Ofen backen, bis die Hähnchenkeulen gar sind.

20 Minuten vor Ende der Garzeit Brokkoli ebenfalls auf das Blech legen, mit Olivenöl beträufeln und weiterbraten. Servieren.

# HÄHNCHEN-FAJITAS MIT MILDER GUACAMOLE

Dies ist ein sehr beliebtes und geselliges Gericht. Stellen Sie einfach alle Elemente auf den Tisch und die Leute können sich selbst bedienen. Versuchen Sie mal, meine Kinder zu stoppen, wenn sie sich ein zweites oder drittes Mal bedienen!

800 Hähnchenbrüste, ohne Haut und Knochen, in Streifen geschnitten
2 orange Paprikaschoten, entkernt und in Streifen geschnitten
2 Zucchini, in Scheiben geschnitten
2 Zwiebeln, halbiert und in Scheiben geschnitten
50 g Fajita-Gewürz (jenes mit Zucker als Hauptzutat möglichst vermeiden)
4 EL Olivenöl
8 Tortillas oder große grüne Salatblätter

**Für die Guacamole**
2 reife Avocados, geschält und entkernt
5 g frischer Koriander, Blätter und Stängel
70 g rote Zwiebel, klein gewürfelt
1/2 EL frisch gepresster Limettensaft
1 Pflaumentomate, geschält und entkernt
40 g/4 EL extra natives Olivenöl
Meersalz und frisch gemahlener schwarzer Pfeffer, nach Geschmack
Limettenspalten, zum Servieren

**ERGIBT 4 PORTIONEN**

Backofen auf 220 °C (Gas Stufe 5) vorheizen.

In einer großen Schüssel Hähnchenstreifen, Paprikaschoten, Zucchini und Zwiebeln vermengen. In einer separaten Schüssel Fajita-Gewürz zuerst mit Olivenöl verrühren, dann mit der Hähnchen-Mischung vermengen, bis alles gut damit überzogen ist.

Diese Mischung auf einem großen Blech verteilen.

15 Minuten im vorgeheizten Ofen backen, bis das Hähnchen gar und das Gemüse weich ist, dabei einmal umrühren.

In der Zwischenzeit Guacamole zubereiten. Alle Zutaten dafür in einer Küchenmaschine pürieren.

Knapp bevor man das Hähnchen und das Gemüse aus dem Ofen nimmt, Tortillas erwärmen oder Salatblätter vorbereiten. Fajitas, Hähnchen und Gemüse mit Guacamole und den Tortillas/Salatblättern anrichten. Mit Limettenspalten zum Ausdrücken servieren.

# MAROKKANISCHES HÄHNCHEN

Das Wurzelgemüse und die Äpfel in diesem Rezept dienen nicht nur zum Aufsaugen des köstlichen Bratensaftes, sondern liefern auch den Kontrast zu Textur und Geschmack der milden marokkanischen Gewürze.

1 großes ofenfertiges Hähnchen (etwa 1,7 kg)
2½ TL Meersalz
500 g Karotten, der Länge nach geviertelt
500 g Süßkartoffel, geschält und in 15 mm dicke Scheiben geschnitten
3 Granny-Smith-Äpfel, geviertelt und entkernt
Zesten und Saft von 1 großen Bio-Orange
250 ml Hühnerbrühe
250 ml trockener Weißwein
1 EL frischer Ingwer (geschält), gerieben
2 TL Ras-el-hanout oder eine marokkanische Gewürzmischung

**ERGIBT 4 PORTIONEN**

Backofen auf 200 °C (Gas Stufe 4) vorheizen.

Einen Bräter, der groß genug ist für Hähnchen, Gemüse, Obst und Flüssigkeit vorbereiten.

Hähnchen in den Bräter legen. Haut des Hähnchens mit Salz bestreuen. Karotten, Süßkartoffel und Äpfel rund um das Hähnchen arrangieren.

Orangenzesten und -saft mit Brühe, Wein, Ingwer und Ras-el-hanout verrühren und über Hähnchen und Gemüse gießen.

Im vorgeheizten Ofen 1 Stunde 25 Minuten braten, dabei öfter mit Bratensaft übergießen. Nach der Hälfte der Garzeit Hähnchen mit Alufolie abdecken, damit die Oberfläche nicht verbrennt. Servieren.

# BRATHÄHNCHEN & BOHNEN MIT WURZELGEMÜSE

Dieses Gericht beschreibt mein Mann als ‚anständiges Essen'. Es ist ein geschmackvoller, sättigender Eintopf für jede Gelegenheit, bei dem man Wintergemüse und weiße Bohnen mit saftig geröstetem Hähnchen kombiniert.

3 EL Olivenöl
1 großes ofenfertiges Hähnchen (etwa 1,7 kg)
1 Bio-Zitrone, halbiert
2 große Lauchstangen, in dicke Scheiben geschnitten
½ Kohlrübe, geschält und in 1 cm große Würfel geschnitten
6 Baby-Pastinaken oder 2 große Pastinaken, geschält und in 6 x 2 cm große Stifte geschnitten
500 g Rosenkohl, (Rohgewicht), zugeputzt und halbiert
4 große Knoblauchzehen, halbiert
1 EL plus 1 TL Crema di Balsamico
2 EL frische Thymianblätter, gehackt
400 g weiße Bohnen aus der Dose, abgegossen und abgespült
Meersalz und frisch gemahlener schwarzer Pfeffer

**ERGIBT 6 PORTIONEN**

Backofen auf 200 °C (Gas Stufe 4) vorheizen.

1 EL Olivenöl auf einem sehr großen Blech mit Rand (ein großer Bräter sollte auch funktionieren) geben und für 3 Minuten im vorgeheizten Ofen erwärmen. Das ganze Hähnchen kurz mit der Brustseite nach unten anbraten, dann sofort umdrehen, sodass die Brustseite nach oben zeigt. Großzügig mit Salz und Pfeffer würzen und die Zitronenhälften in das Innere des Hähnchens stopfen.

Hähnchen in den vorgeheizten Ofen schieben und 1 Stunde 25 Minuten braten. Das ganze vorbereitete Gemüse und den Knoblauch in eine große Schüssel geben und mit 1 EL Olivenöl, 1 EL Crema di Balsamico, 1 Prise Salz, 1 Prise Pfeffer und dem gehackten Thymian vermengen.

50 Minuten vor Ende der Garzeit des Hähnchens Gemüse ebenfalls auf das Backblech legen und das Hähnchen mit Bratensaft übergießen. Während des Bratens zwei Mal umrühren und dabei das Hähnchen mit Bratensaft begießen. Hähnchen vom Blech nehmen, Bohnen und restliche Crema di Balsamico untermengen und zum Durchwärmen bei geschlossener Tür im ausgeschalteten Ofen lassen. Hähnchen zerteilen, Gemüse und Bohnen aus dem Ofen nehmen und servieren.

# KNOBLAUCH-BRATHÄHNCHEN MIT SCHALOTTEN & KAROTTEN

Weich und saftig gebratenes Hähnchen und süß geröstete Schalotten und Karotten sind eine gewinnbringende Kombination für ein Feiertagsessen.

500 g Karotten, der Länge nach halbiert
400 g Schalotten, der Länge nach halbiert
1 große Knoblauchknolle, quer halbiert
1 ganzes Hähnchen (1,5 kg)
70 g/5 EL Butter oder Ghee (bei Raumtemperatur)
1½ EL trockener Weißwein
200 ml frische Hühnerbrühe
150 g Baby-Spinat
Meersalz und frisch gemahlener schwarzer Pfeffer

**ERGIBT 4–6 PORTIONEN**

Backofen auf 200 °C (Gas Stufe 4) vorheizen.

Karotten, Schalotten, Knoblauch und Hähnchen in einen Bräter geben. Hähnchen mit Butter oder Ghee bestreichen und großzügig mit Salz und Pfeffer würzen.

45 Minuten im vorgeheizten Ofen braten, dabei zwei Mal mit Bratensaft begießen.

In der Zwischenzeit Wein und Brühe in einem großen Topf verrühren. Nach 45 Minuten das Gemüse vom Hähnchen-Bräter in diesen Topf geben, dabei den Knoblauch herausnehmen. Den weichen Knoblauch in die Gemüse-Brühe-Mischung drücken, und die Haut entsorgen.

Hähnchen mit Alufolie abdecken und weitere 30 Minuten braten, zwischendurch noch einmal übergießen.

Wein, Brühe und Gemüse im Topf erwärmen und während der restlichen Garzeit des Hähnchens köcheln lassen. Spinat darin kochen, bis er zusammenfällt.

Überprüfen, ob das Hähnchen gar ist, und ruhen lassen. Hähnchen zerlegen und mit dem gekochten Gemüse und darübergegossenem Bratensaft servieren.

**Serviervorschlag:** Mit perfekt gerösteten Kartoffeln (Seite 117) servieren.

## ENTE MIT ORANGENGLASUR AUF EINEM BETT VON LAUCH UND CHAMPIGNONS

Das ist eine moderne Variante der schweren Ente à l'orange der 1980er-Jahre. Die Ente wird kombiniert mit Champignons und Lauch, der im Mund zergeht. Ein herrliches Gericht!

frisch gepresster Saft von ½ Orange
3 gehäufte EL Bitterorangenmarmelade (z. B. St. Dalfour Thick Cut Orange Spread)
1 TL roter Weinessig
2 Entenbrüste ohne Knochen, je etwa 170 g, mit Haut
2 große Lauchstangen, der Länge nach halbiert und in 1 cm große Scheiben geschnitten
200 g Zuchtchampignons, halbiert
Meersalz und frisch gemahlener schwarzer Pfeffer

**ERGIBT 2 PORTIONEN**

Backofen auf 180 °C (Gas Stufe 3) vorheizen.

Für die Glasur in einer kleinen Schüssel Orangensaft, Orangenmarmelade und Essig mit etwas Salz und Pfeffer verrühren.

Entenbrüste mit der Haut nach oben auf ein Blech legen und mit der Glasur bestreichen. Marinieren lassen und währenddessen das Gemüse zubereiten. Gemüse zur Ente auf das Blech legen, mit Salz und Pfeffer würzen und das Gemüse verrühren.

30 Minuten im vorgeheizten Ofen braten, dabei die Entenbrüste einmal mit Bratensaft begießen und das Gemüse umrühren, sodass alles gleichmäßig gar wird. Servieren.

## ENTENKEULEN MIT APFEL, PASTINAKEN & WEISSKRAUT

Dies ist ein reichhaltiges Wintergericht. Wenn Sie Trost brauchen, halten Sie sich an dieses Rezept. Süße, fleischige Entenkeulen kombiniert mit köstlich saftigem Kraut, das die vielfachen Aromen des restlichen Gerichtes aufgenommen hat.

4 Entenkeulen
1 EL Meersalz
5 große Pastinaken, geschält und halbiert
1 Kopf Weißkraut, ohne Strunk und in 10 Portionen geteilt
4 Granny-Smith-Äpfel, halbiert und entkernt
½ TL gemahlene Nelken
½ TL gemahlener Cayennepfeffer

**ERGIBT 4 PORTIONEN**

Backofen auf 180°C (Gas Stufe) 4 vorheizen.

Entenkeulen in einen großen Bräter legen und großzügig mit Salz würzen.

Im vorgeheizten Ofen 20 Minuten braten, dann mit dem entstandenen Bratensaft übergießen, Gemüse und Äpfel zugeben und in den Bratensaft einrühren. Das gesamte Gericht mit den Gewürzen bestreuen.

Weitere 1 Stunde 20 Minuten braten, währenddessen Gemüse und Entenkeulen drei Mal wenden. Servieren.

**Serviervorschlag:** Mit grünem Salat servieren.

# FISCH

# LACHS AUF THAILÄNDISCHE ART

Lachs ist zwar einer unserer Hauptlieferanten von Omega-3-Fettsäuren, aber nicht jeder mag ihn. Ihn in dieser leichten Thai-Sauce zu garen hilft, den Lachs saftig zu halten. Er sollte einfach zerfallen, wenn er mit einer Gabel angestochen wird. Man kann ihn auch pikanter machen, wenn die Gaumen ihrer Familie das vorziehen.

2 Knoblauchzehen, zerdrückt
2 cm großes Stück Ingwer, geschält und fein gehackt
400 g Kokosmilch aus der Dose
1 EL brauner oder Kokoszucker
1½ TL Thai-Gewürzmischung
2 EL Fischsauce
1 EL frisch gepresster Limettensaft
3 Bananenschalotten, fein gehackt
2 EL frischer Koriander, gehackt
4 Lachsfilets (je etwa 140 g), mit Haut
250 g Spargelspitzen, in 2 cm große Stücke geschnitten

**ERGIBT 4 PORTIONEN**

Backofen auf 200 °C (Gas Stufe 4) vorheizen.

Knoblauch, Ingwer, Kokosmilch, Zucker, Thai-Gewürzmischung, Fischsauce und Limettensaft in einer mittelgroßen Schüssel verrühren. Schalotten und Koriander zugeben. Alternativ Knoblauch, Ingwer, Schalotten und Koriander in einer Küchenmaschine pürieren, dann Kokosmilch, Fischsauce, Zucker, Thai-Gewürzmischung und Limettensaft zugeben und erneut mixen.

Lachs mit der Hautseite nach unten und die Spargelstücke auf ein Blech legen.

Saucenmischung über Lachs und Spargel gießen. Mit Alufolie abdecken und 35 Minuten im vorgeheizten Backofen braten. Servieren.

**Anmerkung:** Wildlachs sollte man 15 Minuten kürzer braten, damit er nicht austrocknet, denn er enthält weniger Fett als gezüchteter Lachs.

**Serviervorschlag:** Mit gekochtem Basmati-Reis, Quinoa oder gebratenem Blumenkohlreis mit Ei (Seite 118) servieren.


# MUFFINS MIT RÄUCHERLACHS

Wenn Sie ein Fan von Rührei mit Lachs sind, werden Sie diese Muffins mögen. Sie sind leicht und köstlich – die Mischung aus salzigem Lachs und cremigem Ei mit Schnittlauch schmeckt heiß wie kalt.

4 Eier
100 g Räucherlachs, grob gehackt
2 Frühlingszwiebeln, in 5 mm große Stücke geschnitten
1 EL Parmesan- oder Pecorino-Käse
¼ TL frisch gemahlener schwarzer Pfeffer

Muffin-Form, leicht mit Olivenöl befettet

**ERGIBT 2 PORTIONEN**

Backofen auf 200 °C (Gas Stufe 4) vorheizen.

Eier, Lachs, Frühlingszwiebeln, Käse und schwarzen Pfeffer in einer Schüssel verrühren.

Masse gleichmäßig auf vier Muffin-Formen verteilen.

Im vorgeheizten Ofen 15–20 Minuten backen, bis die Muffins gar sind und kein flüssiges Ei mehr zu sehen ist. Servieren.

**Serviervorschlag:** Mit Avocado-Scheiben und frischen Tomaten, versehen mit etwas frischem, gehacktem Basilikum, Olivenöl, Salz und Pfeffer, servieren.

## HEILBUTT MIT TOMATEN-PESTO & GRÜNEM GEMÜSE

Das Tomaten-Pesto-Topping steckt voller Aromen und erweckt den Heilbutt zum Leben. Das Pesto für dieses einfache Gericht lässt sich schnell zubereiten.

250 g Spargelspitzen
300 g sehr zarter Brokkoli
1 große Zucchini, in 2 cm dicke Scheiben geschnitten
1 EL Olivenöl
4 Heilbuttfilets, mit Haut, etwa 2,5 cm dick (je etwa 200 g)
Meersalz und frisch gemahlener schwarzer Pfeffer

Für das Tomaten-Pesto
60 g frische Basilikumblätter
70 g Walnüsse, geröstet
110 g sonnengetrocknete Tomaten in Öl, abgetropft
1 große Knoblauchzehe, geschält
5 EL Olivenöl

**ERGIBT 4 PORTIONEN**

Backofen auf 200 °C (Gas Stufe 4) vorheizen.

Für das Pesto Basilikum, geröstete Walnüsse, sonnengetrocknete Tomaten und Knoblauch mit dem Olivenöl in einer Küchenmaschine zu einer Paste pürieren.

Gemüse auf ein Blech legen und mit Olivenöl beträufeln und mit Salz und Pfeffer würzen. Im vorgeheizten Ofen 20 Minuten braten.

In der Zwischenzeit vier Pakete aus Alufolie oder Backpapier vorbereiten, je ein Heilbuttfilet hineinlegen und mit einer dicken Schichte Tomaten-Pesto bedecken. Pakete gut verschließen und diese auf das Blech mit dem Gemüse legen. Weitere 12 Minuten braten.

Sobald der Fisch gar ist, sofort servieren.


## GEBACKENE FISCHFILETS AUF MEDITERRANE ART

Dies ist ein einfaches Sommergericht, das man auch gerne unter der Sonne isst (wenn sie scheint).

8 Kirschtomaten, in dünne Scheiben geschnitten
6 Frühlingszwiebeln, diagonal in dünne Scheiben geschnitten
1 EL Petersilie, frisch gehackt
1 Zucchini, in sehr dünne Scheiben geschnitten
frisch gepresster Saft von ½ Zitrone

2 EL Fischfond oder trockener Weißwein
1 EL Olivenöl
1½ TL Meersalz
3 Weißfischfilets

**ERGIBT 3 PORTIONEN**

Backofen auf 200 °C (Gas Stufe 4) vorheizen.

Tomaten, Frühlingszwiebeln, Petersilie, Zucchini, Zitronensaft, Fond oder Weißwein mit Olivenöl und Salz in einer Schüssel verrühren.

Drei Pakete aus Alufolie oder Backpapier vorbereiten, je ein Fischfilet hineinlegen und mit der Tomaten-Mischung bedecken.

Pakete gut verschließen, diese auf ein Blech legen und im vorgeheizten Ofen 20 Minuten braten, bis der Fisch gar ist.

Aus dem Ofen nehmen und mit einem einfachen Salat (Seite 125) servieren.

# KABELJAU IN TOMATEN-OLIVEN-SAUCE

Die Sauce in diesem Rezept hält den Kabeljau köstlich saftig – er saugt sich damit voll und wird so noch schmackhafter. Ein großartiges Gericht für zögerliche Fischesser!

2 Zwiebeln, fein gehackt
2 Knoblauchzehen, fein gehackt
10 g/6 EL Petersilie, frisch gehackt
600 g geschälte Tomaten aus der Dose, gehackt
1 TL Meersalz
4 mittelgroße Kabeljaufilets
2 Zucchini, in sehr dünne Scheiben geschnitten
100 g grüne Oliven, entkernt
2 TL Olivenöl

**ERGIBT 4 PORTIONEN**

Backofen auf 200 °C (Gas Stufe 4) vorheizen.

Zwiebeln, Knoblauch und Petersilie in einer mittelgroßen Schüssel vermengen, dann Tomaten und Salz zugeben und gut untermengen.

Kabeljaufilets auf ein Blech mit hohem Rand legen. Etwas von der Tomaten-Mischung darübergießen. Zucchini und Oliven ebenfalls auf das Blech legen und mit der restlichen Tomaten-MIschung bedecken. Mit Olivenöl beträufeln.

10–15 Minuten im vorgeheizten Ofen backen, bis die Kabeljaufilets glasig gar sind. Servieren.

**Serviervorschlag:** Mit grünem Salat servieren.

# KABELJAUFILET MIT BALSAMICO-FENCHEL

Fenchel liebt oder hasst man, aber mit Crema di Balsamico und als Beilage zu Kabeljau wird dieses Gericht richtig lebendig. Vielleicht entdecken Sie auch, dass gar nicht so viele Leute Fenchel nicht mögen, wie behauptet wird.

2 Fenchelknollen, in 2 cm breite Spalten geschnitten
1 EL Crema di Balsamico
2 EL Olivenöl
2 TL Meersalz
4 dicke Kabeljaufilets (Mittelstücke)
400 g Kirschtomaten aus der Dose
1 TL Kokoszucker oder Honig
3 EL Petersilie, frisch gehackt
frisch gemahlener schwarzer Pfeffer

**ERGIBT 4 PORTIONEN**

Backofen auf 220 °C (Gas Stufe 5) vorheizen.

Fenchelspalten auf ein Blech legen, mit Crema di Balsamico und 1 EL Olivenöl beträufeln und mit 1 TL Salz bestreuen. 15 Minuten im vorgeheizten Ofen backen, dabei einmal umrühren.

In der Zwischenzeit Filets auf ein kleineres Blech mit Rand dicht aneinanderlegen.

Mit Kirschtomaten, Kokoszucker oder Honig, gehackter Petersilie, dem restlichen EL Olivenöl und 1 TL Salz sowie 1 Prise Pfeffer bedecken.

Zum Fenchel in den Ofen geben und 15–20 Minuten backen, bis der Fisch gar und der Fenchel an den Rändern knusprig ist. Servieren.

# MIT ZITRONE & BUTTER ÜBERBACKENER LACHS MIT FRÜHLINGSGEMÜSE

‚Frühling' und ‚einfach' fällt einem bei diesem Gericht ein. Es geht um einfache Geschmäcker und noch einfachere Techniken sowie das Zelebrieren der Frühlingsaromen!

8 neue Kartoffeln, in 1 cm große Stücke geschnitten
1½ TL Olivenöl
1 TL Meersalz
8 Spargelspitzen, zugeputzt
10 Kirschtomaten
6 Champignons, geviertelt
2 Lachsfilets
40 g/3 EL Butter
2 Zitronenscheiben
frisch gemahlener schwarzer Pfeffer

**ERGIBT 2 PORTIONEN**

Backofen auf 200 °C (Gas Stufe 4) vorheizen.

Kartoffeln auf ein Blech legen, mit Olivenöl beträufeln und mit ½ TL Salz bestreuen. 10 Minuten im vorgeheizten Ofen backen.

Spargel, Tomaten und Champignons ebenfalls auf das Blech legen und weitere 10 Minuten backen.

Lachsfilets zugeben und mit je einem großen Klecks Butter und einer Zitronenscheibe belegen. Mir dem restlichen Salz und schwarzem Pfeffer bestreuen.

Weitere 10–12 Minuten backen, bis der Lachs glasig gar ist. Servieren.

# ÜBERBACKENER WEISSFISCH & CHORIZO

1 rote Paprikaschote, entkernt und in dünne Streifen geschnitten
1 rote Zwiebel, in dünne Scheiben geschnitten
1 Zucchini, in 1 cm dicke Scheiben geschnitten
1½ TL Olivenöl
75 g Chorizo, fein gehackt
1 Bio-Zitrone, der Länge nach geviertelt
2 Rispen Kirschtomaten (mit je etwa zehn Tomaten)
2 Weißfischfilets
1 TL geräuchertes Paprikapulver
¾ TL Meersalz
Petersilie, frisch gehackt, zum Garnieren

**ERGIBT 2 PORTIONEN**

Dies ist ein ideales Land-und-Meer-Gericht. Pikante Chorizo wird kombiniert mit weichem Weißfisch – das verleiht dem Gericht Geschmackstiefe.

Backofen auf 200 °C (Gas Stufe 4) vorheizen.

Paprikaschote, Zwiebel und Zucchini auf einem Blech verteilen und mit Olivenöl beträufeln. Alles gut verrühren und dann im vorgeheizten Ofen 20 Minuten braten.

Blech aus dem Ofen nehmen und Chorizo und Zitronenviertel zugeben, danach die Tomatenrispen und obendrauf die Fischfilets legen. Mit Paprikapulver und Salz bestreuen und weitere 12 Minuten backen. Aus dem Ofen nehmen und überprüfen, ob der Fisch gar ist, dann servieren. Wenn der Fisch noch nicht gar sein sollte, weitere 4 Minuten im Ofen lassen. Zum Garnieren mit Petersilie bestreuen.

# CAJUN-LACHS MIT KNUSPRIGEM LAUCH & BUTTERNUSS-KÜRBIS

Wamm, bamm, danke Mam! Dieses Gericht ist eine mit Aromen gespickte Art, Omega-3-reichen Lachs zu genießen. Er ist nur ein klein wenig pikant und die Cajun-Gewürze stehen in gutem Kontrast zum milden Lauch und dem gebackenen Kürbis.

2 Lauchstangen, der Länge nach halbiert und in 15 mm dicke Stücke geschnitten
½ Butternuss-Kürbis, geschält, entkernt und in 1 große cm große Würfel geschnitten
1 EL plus 2 TL Olivenöl
1¾ TL Meersalz
1 TL geräuchertes Paprikapulver
1 TL Kokoszucker oder brauner Zucker
1 Knoblauchzehe, zerdrückt
½ TL Zwiebelpulver
½ TL Senfpulver
½ TL abgeriebene Schale von einer Bio-Zitrone
⅛ TL getrockneter Majoran oder Oregano
⅛ TL getrockneter Thymian
1 TL roter Weinessig
4 Lachsfilets (je etwa 125 g)
Zitronenspalten, zum Servieren

**ERGIBT 4 PORTIONEN**

Backofen auf 200 °C (Gas Stufe 4) vorheizen.

Gemüse auf ein Blech mit Rand legen und mit 1 EL Olivenöl und 1 TL Salz vermengen.

Im vorgeheizten Ofen 20 Minuten braten.

In der Zwischenzeit Topping für den Lachs vorbereiten. In einer Schüssel geräuchertes Paprikapulver, ¾ TL Salz, Zucker, Knoblauch, Zwiebelpulver, Senfpulver, Zitronenschale, Kräuter, roten Weinessig und 2 TL Olivenöl verrühren.

Lachsfilets auf einen Teller legen und Topping gleichmäßig auf den Filets verstreichen.

Lachsfilets ebenfalls auf das Blech mit dem Gemüse legen, Ofenhitze auf 180 °C (Gas Stufe 3) reduzieren. Weitere 15 Minuten braten, bis alles gar ist.

Lachs auf einem Bett von Lauch und Butternuss-Kürbis mit den Zitronenspalten zum Ausdrücken servieren.

# INDISCHE GARNELEN MIT BLUMENKOHL

Indisches Essen ist sowohl ein Synonym für Garnelen als auch Blumenkohl. Hier wird beides in einem Curry kombiniert. Es ist mild und wird daher von der ganzen Familie geschätzt.

- 1 Blumenkohl, in Röschen zerteilt
- 2 TL Meersalz
- 1 EL Olivenöl
- 1 Zwiebel, fein gehackt
- 1½ EL frischer Koriander, gehackt
- 2 Knoblauchzehen, zerdrückt
- 5 mm großes Stück frischer Ingwer, geschält und gerieben
- 1 TL gemahlener Kreuzkümmel
- ½ TL gemahlene Kurkuma
- ¼ TL gemahlener Koriander
- ⅛ TL gemahlener Zimt
- 400 g Kokosmilch aus der Dose
- 400 g geschälte Tomaten aus der Dose, gehackt
- 225 g gefrorene Königsgarnelen
- 1 EL frischer Koriander, gehackt (optional)

**ERGIBT 4 PORTIONEN**

Backofen auf 200 °C (Gas Stufe 4) vorheizen.

Blumenkohlröschen auf einem Blech mit Rand verteilen. Mit 1 TL Salz bestreuen und mit Olivenöl beträufeln. 30 Minuten im vorgeheizten Ofen backen.

In der Zwischenzeit die Sauce zubereiten. Zwiebel, Koriander, Knoblauch, Ingwer, Gewürze, Kokosmilch, gehackte Tomaten und das restlichen Salz in einer Schüssel verrühren oder besser noch in einer Küchenmaschine pürieren.

Sauce und Garnelen ebenfalls auf das Blech legen und weitere 20 Minuten garen. Wenn gewünscht, mit frisch gehacktem Koriander bestreut servieren.

# LACHS MIT TAMARI UND INGWER MIT NEUEN KARTOFFELN & SPARGEL

Dieses Rezept verlangt nach etwas Zeit fürs Marinieren, wenn Sie sie erübrigen können. Das beste Ergebnis bekommt man, wenn man den Fisch einen Tag lang mariniert. Morgens ein wenig Vorbereitung bedeutet ein geschmackvolleres Gericht am Abend. Der Lachs wird auf der Zunge zergehen und die Kombination von Honig, Ingwer und Tamari ist ein Gewinn.

- 4 Lachsfilets
- 400 g kleine neue Kartoffeln, auf die Größe der kleinsten ganzen Kartoffel zugeschnitten
- 1 TL Olivenöl
- ⅛ TL Meersalz
- 150 g dünne Spargelspitzen, in 2 cm große Stücke geschnitten

**Für die Marinade**
- 70 ml Tamari
- 1 großzügiger EL Honig
- 2 Knoblauchzehen, zerdrückt
- 10 g/1 EL frischer Ingwer, geschält und gerieben

**ERGIBT 4 PORTIONEN**

Für die Marinade Tamari, Honig, Knoblauch und Ingwer in einer flachen Schüssel verrühren. Lachsfilets einlegen, wenden, damit sie gut damit überzogen sind, und sicherstellen, dass sie in der Marinade liegen. Schüssel zudecken und für 8 Stunden in den Kühlschrank stellen.

Vor dem Kochbeginn Backofen auf 200 °C (Gas Stufe 4) vorheizen.

Kartoffeln vorbereiten und auf ein Blech mit Rand legen. Mit Olivenöl beträufeln und mit Salz bestreuen. Im vorgeheizten Ofen 20 Minuten braten. Sobald sie innen beinahe weich sind, Lachs mit 2 EL Marinade und Spargel ebenfalls aufs Blech geben.

Weitere 10–15 Minuten braten, bis der Lachs zerfällt, wenn man ihn mit einer Gabel nach unten drückt. Servieren.

# SEETEUFEL MIT PARMASCHINKEN, DILL-KARTOFFELN & ZUCCHINI

Seeteufel ist ein fester, fast ‚fleischiger' Fisch, man kann damit auch Nicht-Fischliebhaber überzeugen. Kennen Sie eine bessere Art, ihn zu servieren, als in salzigen Parmaschinken gewickelt, begleitet von Dill-Kartoffeln und Zucchini?

500 g neue Kartoffeln, gewaschen und geviertelt
1 EL Olivenöl
1 TL Meersalz
1 mittelgroße Zucchini, der Länge nach halbiert und in 1,5 cm dicke Scheiben geschnitten
1 TL getrockneter Dill oder 2 TL frischer Dill, gehackt
4 Portionen Seeteufel, je etwa 140–150 g
8 sonnengetrocknete Tomaten aus dem Glas, abgetropft und dünn geschnitten
2 TL Butter
1 EL frisch gepresster Zitronensaft
¼ TL zerstoßener schwarzer Pfeffer
8 Scheiben Parmaschinken/Prosciutto

**ERGIBT 4 PORTIONEN**

Backofen auf 200 °C (Gas Stufe 4) vorheizen.

Kartoffeln auf ein Blech mit Rand legen. Mit ½ EL Olivenöl beträufeln und ½ TL Salz bestreuen. 15 Minuten im vorgeheizten Ofen backen.

Zucchini auf das Blech mit den Kartoffeln legen. Restliches Olivenöl, Salz und Dill zugeben und alles gut vermengen. Kartoffeln und Zucchini weitere 10 Minuten backen.

In der Zwischenzeit den Fisch vorbereiten. Einen tiefen Einschnitt auf der Oberseite jedes Fischfilets machen und einige der sonnengetrockneten Tomaten und ½ TL Butter hineinstecken. Mit Zitronensaft beträufeln und mit schwarzem Pfeffer bestreuen, danach jede Portion in zwei Scheiben Parmaschinken/Prosciutto einwickeln.

Fischpakete auf das Blech mit dem Gemüse legen und weitere 10 Minuten, bis der Fisch gar ist, backen.

Sofort servieren.

# VEGETARISCH

# SCHWARZE BOHNEN & MAIS-PFANNE

Hier spricht alles für die Textur. Jeder Bissen explodiert im Mund die süßen Maiskörner im Gegensatz zu den glatten, weichen und befriedigenden schwarzen Bohnen. Dieses Gericht präsentiert einen Regenbogen an Farben. Es eignet sich gut, um es in die Mitte des Tisches zu stellen, damit sich die Leute selbst bedienen können.

2 mittelgroße Süßkartoffeln, geschält und in 1,5 cm große Würfel geschnitten
1 mittelgroße Zucchini, in 1,5 cm große Würfel geschnitten
1 rote Paprikaschote, in 1,5 cm große Stücke geschnitten
4 große Champignons, in 1,5 cm große Würfel geschnitten
400 g schwarze Bohnen aus der Dose, abgegossen und abgespült
130 g Mais aus der Dose
3 EL Olivenöl
3/4 TL Knoblauchsalz
1/2 TL Meersalz
1 TL geräuchertes, süßes Paprikapulver
4 große Eier
frisch gemahlener schwarzer Pfeffer

**ERGIBT 2 PORTIONEN**
ALS HAUPTGANG

Backofen auf 200 °C (Gas Stufe 4) vorheizen.

Süßkartoffeln, Zucchini, Paprikaschote, Champignons, schwarze Bohnen und Mais auf ein Blech mit Rand geben.

Mit Olivenöl beträufeln, mit Knoblauchsalz, Salz und Paprikapulver bestreuen und alles gut vermengen. 30 Minuten im vorgeheizten Ofen backen, währenddessen einmal umrühren.

Nach 30 Minuten aus dem Ofen nehmen, vier Gruben in das Gemüse drücken und je ein Ei hineinschlagen.

Weitere 7–9 Minuten backen, bis das Eiweiß gerade fest ist und die Dotter noch flüssig sind. Mit schwarzem Pfeffer würzen und servieren.

# GEBACKENE FRITTATA

Ein äußerst vielseitiges Gericht, das einige Flexibilität bei Gemüseresten erlaubt, um für ein sättigendes Gericht auf Basis von Eiern zu sorgen.

2 große rote Zwiebeln, halbiert und in Scheiben geschnitten
10 Champignons, ohne Stängel, in dicke Scheiben geschnitten
1 EL Olivenöl
8 Eier
2 EL gemischte frische Kräuter, gehackt
Meersalz und frisch gemahlener schwarzer Pfeffer

20 x 20 cm großes Blech mit Rand

**ERGIBT 4 PORTIONEN**

Backofen auf 200 °C (Gas Stufe 4) vorheizen.

Zwiebeln und geschnittene Champignons auf ein Blech geben und mit Olivenöl beträufeln.

15 Minuten im vorgeheizten Ofen backen, bis das Gemüse weich ist, währenddessen einmal umrühren.

In der Zwischenzeit Eier, Kräuter und Gewürze in einer großen Schüssel verquirlen.

Sobald das Gemüse weich ist, mit der Eiermischung übergießen und weitere 15 Minuten backen, bis die Eier gar sind. Servieren.

**Serviervorschlag:** Frittata in Scheiben mit einem einfachen Salat mit Dressing (Seite 125) servieren.

**Variation:** Beim Übergießen der Eiermischung kann man auch Gemüsereste oder kleine Tomatenhälften zugeben.

# SCHWARZE BOHNEN-NACHOS

Ein fantastisches Gericht zum Teilen mit Freunden und Gästen, wenn Sie wenig Zeit für die Vorbereitung haben. Sie werden sehen, jeder wird mit Vergnügen zugreifen!

400 g schwarze Bohnen aus der Dose, abgegossen und abgespült
230 g frische Salsa aus dem Glas
½ TL Meersalz
100 g Tortilla-Chips
120 g plus 3 EL geriebener Cheddar-Käse
Guacamole (Seite 51), zum Servieren
Sauerrahm, zum Servieren

**ERGIBT 2-4 PORTIONEN**

Backofen auf 220 °C (Gas Stufe 5) vorheizen.

Schwarze Bohnen, Salsa und Salz in einer Küchenmaschine zu einer dicken Paste pürieren.

Paste auf den Boden eines Blechs mit Rand verteilen. Zuerst mit Tortilla-Chips, dann mit Käse bestreuen.

Im vorgeheizten Ofen 10 Minuten backen, bis der Käse geschmolzen ist.

Sofort mit Guacamole und Sauerrahm servieren.

## AVOCADO, BUTTERNUSS-KÜRBIS & EIER MIT HARISSA ÜBERBACKEN

Die Zugabe von pikantem Harissa zu dieser bunten Mischung von Aromen und Texturen von grüner Avocado, orangem Butternuss-Kürbis und Eiern ist die ideale Art, all diese Zutaten zu kombinieren – ein Gericht, reich an pikanten Aromen, die mit den restlichen Zutaten in gutem Kontrast stehen.

2 EL Harissa-Paste
2 EL Olivenöl
550 g Butternuss-Kürbis, geschält, entkernt und grob in 2 cm große Würfel geschnitten
60 g schwarze Oliven, entkernt
15 Kirschtomaten
1 reife Avocado, geschält, entkernt und in dünne Scheiben geschnitten
frisch gepresster Saft von 1 Zitrone
4 große Eier
frisch gemahlener schwarzer Pfeffer

**ERGIBT 2 PORTIONEN**

Backofen auf 200 °C (Gas Stufe 4) vorheizen.

Harissa-Paste und Olivenöl in einer großen Schüssel verrühren, dann Butternuss-Kürbis zugeben und gut mit der Paste überziehen.

Butternuss-Kürbis auf ein Blech mit Rand geben und 30 Minuten im vorgeheizten Ofen backen.

In der Zwischenzeit Avocado vorbereiten und mit Zitronensaft beträufeln, damit sie nicht braun wird. Nach 30 Minuten Backzeit Oliven, Tomaten und Avocado zum Butternuss-Kürbis auf das Blech geben und weitere 10 Minuten backen.

Vier Gruben in das Gemüse drücken und die Eier hineinschlagen. Weitere 6–9 Minuten backen, bis das Eiweiß fest ist. Mit frisch gemahlenem schwarzem Pfeffer würzen und servieren.

# TÜRMCHEN AUS ZIEGENKÄSE & GEMÜSE

Diese bunten und nährstoffreichen Käse-Gemüse-Türmchen lassen nicht nur das Wasser im Mund zusammenrinnen, sondern sind auch noch leicht zuzubereiten.

- 2 mittelgroße Süßkartoffeln, geschält und in 1 cm dicke Scheiben geschnitten
- 2 mittelgroße Auberginen, in 2 cm dicke Scheiben geschnitten
- 3 EL Olivenöl
- 1½ TL Meersalz
- 2 Ochsenherztomaten, in 2 cm dicke Scheiben geschnitten
- 150 g Ziegenkäse, in 1 cm dicke Scheiben geschnitten
- 2 TL getrockneter Basilikum
- frisch gemahlener schwarzer Pfeffer

**ERGIBT 3-4 PORTIONEN**

Backofen auf 200 °C (Gas Stufe 4) vorheizen.

Scheiben von Süßkartoffeln und Auberginen auf ein großes Blech legen. Mit Olivenöl bedecken (besonders die Auberginen) und mit Salz bestreuen. Bis zu 20 Minuten im vorgeheizten Ofen backen – bis sie gar sind.

Sobald das Gemüse gar ist, je eine Scheibe Tomaten, Aubergine, Süßkartoffel und Ziegenkäse aufeinanderlegen.

Weitere 10 Minuten backen. Mit getrocknetem Basilikum und frisch gemahlenem schwarzem Pfeffer bestreuen und servieren.

**Serviervorschlag:** Mit einem großen Salat servieren.

# MINI-PESTO-QUICHES MIT ZUCCHINI-KRUSTE

Ein leichtes Abendessen für den Sommer. Die Mini-Quiches schmecken köstlich mit Salat, Avocado und Coleslaw.

- 1 Zucchini, sehr dünn gehobelt (mit einer Mandoline oder Gemüseschäler), das Innere entfernen – est ist zu feucht für dieses Rezept
- 4 große Eier
- 2 EL grünes Pesto
- 2 Rispen Kirschtomaten
- 4 Muffin-Formen aus Silikon oder ein Muffin-Blech, befettet

**ERGIBT 2 PORTIONEN**

Backofen auf 200 °C (Gas Stufe 4) vorheizen.

Muffinformen mit Zucchinischeiben auslegen, auch den Boden. Es macht nichts, wenn sie einander überlappen.

Danach Eier mit Pesto in einer mittelgroßen Schüssel verschlagen und gleichmäßig auf die Muffin-Formen verteilen.

Im vorgeheizten Ofen 18–20 Minuten backen, bis die Muffins aufgegangen sind und die Eimischung nicht mehr flüssig ist. 10 Minuten vor Ende der Backzeit Tomaten zugeben (entweder auf demselben Blech wie die Muffins oder auf einem separaten, wenn ein Muffin-Blech für die Quiches verwendet wird).

**Serviervorschlag:** Mini Quiches und Tomaten mit Avocadoscheiben und cremigem Coleslaw (Seite 122) servieren.

# MIT HONIG & THYMIAN GEBACKENER CAMEMBERT MIT ROHKOST

Wie schafft man sich Freunde und beeinflusst Menschen? Servieren Sie diesen flüssigen, geschmolzenen Käse mit einer Auswahl an buntem gehackten Gemüse und Apfelscheiben.

1 250 g Portion Camembert
2 Zweige frischer Thymian (nur die Blätter)
2 EL flüssiger Honig
1 rote Paprikaschote, in 1 cm große Stücke geschnitten
1 Granny-Smith-Apfel, entkernt und in 8 Spalten geschnitten
1 große Karotte, in 3 cm lange Stifte geschnitten

**ERGIBT 2-4 PORTIONEN**

Backofen auf 200 °C (Gas Stufe 4) vorheizen.

Oberfläche des Camemberts mit einem scharfen Messer rautenförmig einschneiden, aber den Käse in der Schachtel lassen.

Thymianblätter in die Ritzen stopfen, dann den Käse mit Honig beträufeln.

Deckel wieder locker auf die Schachtel setzen und diese auf ein Blech setzen.

Camembert im vorgeheizten Ofen 20 Minuten backen, bis er geschmolzen ist und wackelt, wenn man das Blech leicht schüttelt.

Camembert mit Paprikaschote, Apfel und Karotten-Rohkost servieren.

**Serviervorschlag:** Mit Sauerteig-Brotwürfeln servieren.

# ÜBERBACKENER FETA AUF MEDITERRANE ART

200 g Feta, in 4 Dreiecke geschnitten
2 mittelgroße Rispentomaten, der Länge nach geviertelt
½ Zucchini, mit einer Mandoline oder einem Gemüseschäler dünn gehobelt
⅛ TL getrockneter Basilikum
⅛ TL getrockneter Majoran
2 EL Olivenöl
geriebene Schale und frisch gepresster Saft von ½ Bio-Zitrone

**ERGIBT 2 PORTIONEN**

Feta verfügt über einzigartigen Geschmack und Konsistenz – er verdient es, der Star der Show zu sein. Dies ist ein sehr geselliges Gericht.

Backofen auf 180 °C (Gas Stufe 3) vorheizen.

Alle Zutaten in eine Schüssel geben, mit den Händen gut verkneten und danach auf ein kleines Blech mit Rand geben. 15 Minuten im vorgeheizten Ofen backen, bis das Gemüse gar ist. Servieren.

**Serviervorschlag:** Mit Avocadoscheiben und grünem Salat servieren.

# EINTOPF MIT HALLOUMI, QUINOA & GEMÜSE

Das ist ein schnelles Gericht, bei dem das ‚Pseudo-Getreide' Quinoa kombiniert wird mit buntem Gemüse und dem einzigartigen Geschmack und der Textur von Halloumi. Am besten wird das Gericht ganz heiß verzehrt, denn so schmeckt der weiche geschmolzene Halloumi am besten.

2 mittelgroße Süßkartoffeln, geschält und in 1 cm große Würfel geschnitten
1 mittelgroße Aubergine, in 1 cm große Würfel geschnitten
2 Selleriestangen, in 2 cm große Stücke geschnitten
2 EL Olivenöl
250 g gekochte Quinoa
250 g passierte Tomaten
1 TL getrocknete gemischte Kräuter
250 g Halloumi, in Scheiben
Meersalz und frisch gemahlener schwarzer Pfeffer

**ERGIBT 4 PORTIONEN**

Backofen auf 180 °C (Gas Stufe 3) vorheizen.

Das gehackte Gemüse in Olivenöl wenden, dann auf einem Blech mit Rand im vorgeheizten Ofen 35–40 Minuten rösten, bis es weich ist.

Gekochte Quinoa, passierte Tomaten und die gemischten Kräuter vermengen und mit Salz und Pfeffer würzen. Mit den Halloumi-Scheiben belegen und weitere 10 Minuten backen. Wenn man Halloumi gebräunt bevorzugt, kann man ihn während der letzten 3 Minuten unter den Griller legen. Servieren.

**Serviervorschlag:** Mit einem großen grünen Salat servieren.

# MANGO-AVOCADO-SALSA

Dies ist eine außerordentliche Kombination von Aromen, um einige der Hauptmahlzeiten in diesem Buch zu begleiten.

1 Mango geschält, entkernt und fein gehackt
1 Avocado geschält, entkernt und gewürfelt
½ rote Zwiebel, fein gehackt
1 rote Chilischote, entkernt und fein gehackt
2 EL frisch gepresster Limettensaft
1 EL Apfelessig
2 EL Olivenöl
2 EL frische Minze, gehackt
Meersalz

**ERGIBT 4 PORTIONEN**
ALS BEILAGE

In einer großen Schüssel alle Zutaten entweder mit der Hand oder mit einem Löffel verrühren. Nach Geschmack mit Salz würzen.

Abdecken und vor dem Servieren 30 Minuten ruhen lassen, sodass sich die Aromen verbinden können.

# RUCOLA-SALAT MIT GERÖSTETEN FEIGEN

So eine wundervolle Kombination an Aromen – salziger Blauschimmelkäse und süße Feigen. Obwohl es sich um ein leichtes Gericht handelt, ist es sehr sättigend. Wenn Rucola für einige zu pikant sein sollte, versuchen Sie es mit grünem Salat unter den Feigen.

4 frische, reife Feigen
40 g Blauschimmelkäse, zerkrümelt
90 g Rucola
35 g Walnüsse, gehackt

**Für das Dressing**
1¼ TL Olivenöl
2 TL Balsamico-Essig
¼ TL flüssiger Honig
¼ TL körniger Senf
Meersalz und frisch gemahlener schwarzer Pfeffer

**ERGIBT 2 PORTIONEN**

Backofen auf 200 °C (Gas Stufe 4) vorheizen.

Jede Feige an der Spitze vorsichtig kreuzweise einschneiden. Feigen an den Seiten sacht zusammendrücken, sodass sie sich leicht öffnen, und auf ein Blech mit Rand setzen.

Blauschimmelkäse in die Öffnung jeder Feige krümeln und im vorgeheizten Ofen 4 Minuten backen.

In der Zwischenzeit Dressing zubereiten. Alle Zutaten in einer Schüssel verrühren oder in einem Glas schütteln.

Rucola auf zwei Tellern verteilen und je zwei mit Blauschimmelkäse gefüllte Feigen daraufsetzen, mit dem Dressing beträufeln, mit Walnüssen bestreuen und servieren.

# KÜRBIS MIT HONIG-HARISSA-HALLOUMI

Ein sommerliches Abendessen, das glauben macht, man sei wirklich auf Urlaub in sonnigeren Gefilden. Der Kontrast von süßem Honig und milden Gewürzen passt sehr gut zu salzigem Halloumi. Man sollte das Gericht heiß essen, denn der Käse könnte beim Abkühlen gummiartig werden.

2 rote Zwiebeln, in Spalten geschnitten
200 g Butternuss-Kürbis, geschält und ohne Kerne, in 1 cm große Würfel geschnitten
1 TL Olivenöl
½ TL Meersalz

1 TL trockene Harissa-Gewürzmischung,
1 TL flüssiger Honig
150 g Halloumi, in 1 cm große Würfel geschnitten

**ERGIBT 2 PORTIONEN**

Backofen auf 200 °C (Gas Stufe 4) vorheizen.

Zwiebeln und Butternuss-Kürbis auf einem Blech mit Rand verteilen. Mit Olivenöl beträufeln und mit Salz bestreuen.

30 Minuten im vorgeheizten Ofen backen.

In der Zwischenzeit Harissa-Gewürzmischung und Honig in einer kleinen Schüssel verrühren.

Nachdem das Gemüse 30 Minuten im Ofen war, Halloumi und Harissa-Honig-Mischung auf das Blech mit dem Gemüse geben und alles gut vermengen. Weitere 10 Minuten backen. Servieren.

**Serviervorschlag:** Mit Mango & Avocado-Salsa (Seite 86) servieren.

# GETREIDEFREIE TOMATEN-‚SPAGHETTI' MIT ROQUEFORT ÜBERBACKEN

Obwohl viele den ‚Spiralenwahn' bereits überwunden haben, hält dieses Gericht am besten Teil dieser Phase fest – spiralenförmiges Gemüse lässt sich gut und schnell überbacken und ist eine großartige, kohlenhydratarme Alternative zu klassischer Pasta.

**Für die Sauce**
1 TL Olivenöl
1 Zwiebel, gehackt
1 Zucchini, gehackt
¼ TL Knoblauchsalz
½ TL Meersalz
1 EL Tomatenmark
400 g geschälte Tomaten aus der Dose, gehackt
1 TL getrockneter Oregano

175 g Zucchini, mit einem Spiralschneider oder Julienne-Messer dünn geschnitten
175 g Butternuss-Kürbis, mit einem Spiralschneider oder Julienne-Messer dünn geschnitten
1 TL Olivenöl
1 TL Meersalz
2 große Eier
12 schwarze Oliven, entkernt
75 g Roquefort, zerkrümelt

**ERGIBT 4 PORTIONEN**

Zuerst für die Sauce Olivenöl in einem mittelgroßen Topf erhitzen. Zwiebel zugeben und 5 Minuten glasig braten. Zucchini zugeben und weitere 5 Minuten braten.

Knoblauchsalz, Salz, Tomatenmark, geschälte Tomaten und Oregano zugeben und weitere 10 Minuten kochen.

Mischung in eine Küchenmaschine geben und zu einer dicken Sauce pürieren. In einen kleinen Topf gießen und bei niederer Hitze bis zur Verwendung köcheln lassen.

Backofen auf 200 °C (Gas Stufe 4) vorheizen.

Zucchini- und Kürbis-‚Spaghetti' auf ein Blech mit Rand oder in einen Bräter legen. Mit Olivenöl beträufeln und mit Salz bestreuen. Gut vermengen und 10 Minuten im vorgeheizten Ofen backen.

In der Zwischenzeit Eier in einer großen Schüssel verquirlen, dann die heiße Pastasauce zugeben und gut verrühren.

Gemüse-‚Spaghetti' aus dem Ofen nehmen und mit der Sauce übergießen. Sollte Sauce übrig bleiben, kann man sie bis zu 3 Tage im Kühlschrank aufbewahren. Vor dem Servieren Oliven und zerkrümelten Roquefort darauf verteilen. Wenn gewünscht, Käse unter einem Griller schmelzen lassen und servieren.

# VEGAN

# ÜBERBACKENE PILZE MIT PESTO UND SONNENGETROCKNETEN TOMATEN

Ein köstliches, veganes, sommerliches Gericht mit schmelzend weichen Pilzen kombiniert mit den klassischen Aromen von Pesto, Tomaten und Kapern. Und natürlich verfügen gebratene Pilze über einen ‚Umami'-Geschmack, der besonders befriedigend ist.

4 große flache Pilze
4 gehäufte TL veganes Pesto (Rezept untenstehend)
3 EL sonnengetrocknete Tomaten in Olivenöl, abgetropft
1 EL Kapern oder 2 EL schwarze Oliven
Olivenöl, zum Beträufeln

**ERGIBT 4 PORTIONEN**
ALS VORSPEISE

Backofen auf 180 °C (Gas Stufe 3) vorheizen.

Pilze mit einem Tuch säubern und Stiele entfernen. Pesto auf der Unterseite der Pilze mit dem Rücken eines Teelöffels verstreichen. Pilze auf ein Blech mit Rand legen und 15 Minuten im vorgeheizten Ofen backen.

Kapern oder Oliven und sonnengetrocknete Tomaten ebenfalls auf dem Blech verteilen und weitere 7–10 Minuten backen, bis alles dieselbe Temperatur hat. Aus dem Ofen nehmen und servieren.

**Serviervorschlag:** Mit Butterbohnen-Püree mit Zitrone & Knoblauch (Seite 121) und Rucola servieren.

# VEGANES PESTO

Pesto ist überraschend leicht zuzubereiten und kann ein Gericht wirklich verbessern. Es schmeckt köstlich zu gebratenen Pilzen, Zucchini und Grünkohl.

40 g Sonnenblumenkerne
75 g frische Basilikumblätter
½ Knoblauchzehe, geschält
1 TL frisch gepresster Zitronensaft
5 EL Olivenöl
Meersalz und frisch gemahlener schwarzer Pfeffer

Für das Pesto Sonnenblumenkerne in einer Küchenmaschine fein zerreiben. Alle anderen Zutaten (außer dem Öl) zugeben und nochmals pürieren. Zuletzt Öl zugießen, alles gut vermengen und wenn nötig nachwürzen. Das Pesto kann man in einem Glasbehälter mit Schraubverschluss bis zu 3 Tage im Kühlschrank aufbewahren.

# SOMMERGEMÜSE-AUFLAUF MIT PESTO

Pesto IST der Geschmack des Sommers, besonders, wenn man es mit saisonalem Gemüse kombiniert, wie in diesem perfekten Sommergericht.

2 mittelgroße Zucchini, in 3 mm dicke Scheiben geschnitten
1 mittelgroße Aubergine, in 3 mm dicke Scheiben geschnitten
12 Kirschtomaten
4 EL veganes Pesto (Seite 95)
4 EL Olivenöl
1 EL Petersilie, frisch gehackt

**ERGIBT 4 PORTIONEN**

Backofen auf 180 °C (Gas Stufe 3) vorheizen.

Alle Gemüsesorten in eine Schüssel geben.

Pesto und Olivenöl zu einem Pesto-Öl verrühren und über das Gemüse gießen. Gut umrühren, sodass das Gemüse komplett damit überzogen ist.

Gemüse auf zwei Bleche mit Rand verteilen.

Gemüse im vorgeheizten Ofen 30 Minuten braten, dabei gelegentlich umrühren.

Vor dem Servieren mit gehackter Petersilie bestreuen.

**Serviervorschlag:** Gemüse gemeinsam auf einer Servierplatte anrichten und mit Butterbohnen-Püree mit Zitrone & Knoblauch (Seite 121) und grünem Salat servieren.

# GEMÜSERISOTTO

Was für eine Freude, nicht am Herd zu stehen und ununterbrochen rühren zu müssen und trotzdem nach 45 Minuten einen Risotto mit perfekter Konsistenz zu haben! Das Rezept erlaubt Vielseitigkeit und passt sich jedem Geschmack an, indem man anderes Gemüse röstet oder auch Gemüsereste verwendet.

1 rote Zwiebel, in Spalten geschnitten (etwa 8 Spalten)
10 Champignons, geviertelt
1 rote Paprikaschote, entkernt und in dünne Streifen geschnitten
1 EL Olivenöl
¼ TL Meersalz
200 g Arborio-Reis
400 ml heiße Gemüsebrühe
1 EL Nährhefeflocken (optional)
1 EL frische glatte Petersilie, gehackt
Meersalz und frisch gemahlener schwarzer Pfeffer

**ERGIBT 4 PORTIONEN**

Backofen auf 200 °C (Gas Stufe 4) vorheizen.

Gemüse auf ein mittelgroßes Blech mit Rand legen, mit Olivenöl beträufeln und mit Salz bestreuen.

15 Minuten im vorgeheizten Ofen backen. Reis zugeben und umrühren. Gemüsebrühe zugeben und das Blech dicht mit Alufolie abdecken.

Weitere 30 Minuten backen. Nährhefeflocken, wenn gewünscht, einrühren. Nach Geschmack würzen, mit Petersilie bestreuen und servieren.

**Serviervorschlag:** Mit Avocado-Rucola-Salat, beträufelt mit Olivenöl sowie frisch gepresstem Zitronensaft und mit ein wenig frisch gemahlenem Pfeffer servieren.

## SÜSSKARTOFFEL-FALAFELN MIT ZUCCHINI & PAPRIKASCHOTEN

Dieses Gericht mit geschmackvollen Falafeln sowie gerösteten Zucchini und Paprikaschoten ist ein Favorit aller Altersstufen, den Babys als Finger-Food genießen können.

1 Zucchini, in 2 cm dicke Scheiben geschnitten
1 rote Paprikaschote, entkernt und in 2 cm breite Streifen geschnitten
2 TL Olivenöl
Meersalz und frisch gemahlener schwarzer Pfeffer

**Für die Falafeln**
400 g gekochte Süßkartoffeln (ohne Schale)
100 g Kichererbsen aus der Dose, abgegossen und abgespült
50 g Kichererbsenmehl
½ TL gemahlener Koriander
1 TL gemahlener Kreuzkümmel
frisch gepresster Saft von ¼ Zitrone
½ TL Meersalz

**ERGIBT 4 PORTIONEN**

Zutaten für die Falafeln in einer Küchenmaschine zu einer glatten, aber dicken Paste pürieren. In eine Schüssel transferieren, abdecken und 24 Stunden kalt stellen.

Backofen 180 °C (Gas Stufe 3) vorheizen.

Falafel-Mischung aus dem Kühlschrank nehmen und mit zwei Löffeln zu kleinen Falafel-Klößen formen.

Falafeln, Zucchini und Paprikaschote auf ein Blech mit Rand legen, mit Olivenöl beträufeln und würzen.

25 Minuten im vorgeheizten Ofen backen.

Falafeln und gebackenes Gemüse gemeinsam servieren.

# EINFACHES THAI-GEMÜSE

Thai-Aromen sind geschmackvoll und exotisch. Dies ist ein großartiges Gericht, wenn Sie überrascht werden und wenig frische Lebensmittel zu Hause haben. Man braucht nur tiefgefrorenes Gemüse und Zutaten aus dem Vorratsschrank. Wegen der Sauce sollte man es mit Reis servieren und sofort essen, denn die Sauce könnte beim Auskühlen gerinnen.

5 EL tiefgefrorene Erbsen
2 große Handvoll tiefgefrorenen Butternuss-Kürbis in Stücken
2 Handvoll tiefgefrorenen Spinat
300 ml Kokosmilch
1 TL frisch gepressten Limetten- oder Zitronensaft
2½ TL Tamari
1 TL Kokoszucker
1½ TL getrocknete Thai-Gewürzmischung
frisch gehackter Koriander oder Thai-Basilikum, zum Garnieren

**ERGIBT 4 PORTIONEN**

Backofen auf 200 °C (Gas Stufe 4) vorheizen.

Tiefgefrorene Erbsen, Butternuss-Kürbis und Spinat auf ein Blech mit hohem Rand geben.

Kokosmilch, Limetten- oder Zitronensaft, Tamari, Kokoszucker und Thai-Gewürzmischung in einer Schüssel verrühren. Die Mischung über das Gemüse gießen und umrühren.

30 Minuten im vorgeheizten Ofen backen, währenddessen zwei Mal umrühren.

Mit frischen Kräutern und gekochtem Reis servieren.

# CURRY MIT KICHERERBSEN & PAPRIKA

- 5 Schalotten, sehr fein gehackt
- 2 kleine Knoblauchzehen, sehr fein gehackt
- 2 cm großes Stück frischer Ingwer, geschält und gerieben
- 2 TL gemahlener Kreuzkümmel
- ¾ TL gemahlener Koriander
- 1 TL gemahlene Kurkuma
- 400 g geschälte Tomaten aus der Dose
- 400 g Kokosmilch aus der Dose
- 2 TL Meersalz
- ½ gelbe Paprikaschote, entkernt und in dünne Streifen geschnitten
- ½ rote Paprikaschote, entkernt und in dünne Streifen geschnitten
- ½ orange Paprikaschote, entkernt und in dünne Streifen geschnitten
- 800 g Kichererbsen aus der Dose, abgegossen und abgespült
- frisch gehackter Koriander, zum Servieren

**ERGIBT 4 PORTIONEN**

Kichererbsen und Paprikaschoten passen gut zusammen und verleihen diesem Gericht Süße, Schärfe, aber auch die Molligkeit eines sättigenden, veganen Eintopfs.

Backofen auf 220 °C (Gas Stufe 5) vorheizen.

Schalotten, Knoblauch, Ingwer, Gewürze, Tomaten und Kokosmilch in einer Schüssel oder Küchenmaschine vermengen.

Geschnittene Paprikaschoten auf ein Blech mit Rand legen und mit der Kokosmilch-Gewürzmischung übergießen. Mit Alufolie abdecken und 30 Minuten im vorgeheizten Ofen backen.

Kichererbsen in Curry-Mischung rühren. Weitere 5 Minuten im Ofen lassen. Mit Koriander bestreuen und mit Reis servieren.

# CURRY MIT KICHERERBSEN & GEMÜSE

- 2 große Karotten, in 15 mm große Würfel geschnitten
- 1 Blumenkohl, in Röschen geschnitten
- 1 TL gemahlener Kreuzkümmel
- ¼ TL gemahlene Kurkuma
- 1¼ TL Meersalz
- 1 EL Olivenöl
- 1 rote Paprikaschote, entkernt und sehr fein gehackt
- 2 Zwiebeln, sehr fein gehackt
- 2 Knoblauchzehen, zerdrückt
- 1½ TL frischer Ingwer, geschält und gerieben
- ½ TL frische Kurkuma, geschält und gerieben
- 1 EL Tomatenmark
- 1 x 160 ml Kokossahne aus der Dose
- 100 ml Gemüsebrühe
- 400 g Kichererbsen aus der Dose, abgegossen und abgespült
- 50 g Cashew-Nüsse

**ERGIBT 4 PORTIONEN**

Dies ist eine sättigende und bunte Familienmahlzeit mit Kichererbsen und Gemüse. Das Gericht bringt die Aromen aller Zutaten zur Geltung.

Backofen auf 200 °C (Gas Stufe 4) vorheizen.

Karotten und Blumenkohl auf ein Blech legen und mit gemahlenem Kreuzkümmel und Kurkuma bestreuen. Danach mit ¾ TL Salz bestreuen und mit Olivenöl beträufeln. Im vorgeheizten Ofen 20 Minuten backen.

In einer mittelgroßen Schüssel oder einer Küchenmaschine rote Paprikaschote, Zwiebeln, Knoblauch, Ingwer und frische Kurkuma mit Tomatenmark, Kokossahne und Gemüsebrühe plus dem restlichen ½ TL Salz vermengen.

Sauce über das Gemüse gießen, Blech dicht mit Alufolie verschließen und weitere 20 Minuten backen.

Alufolie abnehmen, überprüfen, ob das Gemüse gar ist (d. h. ob Zwiebeln und Paprikaschoten süß schmecken), umrühren und Kichererbsen und Cashew-Nüsse zugeben. Noch einmal ordentlich umrühren und für weitere 5 Minuten in den Ofen schieben, bevor man es mit dem Reis serviert. Alternativ kann man es in einer Schüssel mit einem großzügigen Klecks Kokosmilch-Joghurt servieren.

# BUTTERNUSS-KÜRBIS & BLUMEN-KOHL-LINSEN-KORMA

Dies ist ein sehr kostengünstiger und bunter Eintopf mit süßem, aber nicht zu stärkehaltigem Butternuss-Kürbis sowie Blumenkohl, Linsen und Gewürzen – ein mildes veganes Curry, das auch zögerliche Veganer überzeugen wird!

2 rote Zwiebeln, geviertelt
400 g Butternuss-Kürbis, geschält, entkernt und in 1 cm große Würfel geschnitten
½ Blumenkohl, in Röschen geschnitten
2 TL Olivenöl
60 g Korma-Curry-Paste
200 ml Kokosmilch
400 g grüne Linsen aus der Dose, abgegossen und abgespült
1 Zitrone, geviertelt, zum Servieren
1 EL frischer gehackter Koriander, zum Servieren

**ERGIBT 2 PORTIONEN**

Backofen auf 200 °C (Gas Stufe 4) vorheizen.

Zwiebeln, Butternuss-Kürbis und Blumenkohl auf einem Blech mit Rand verteilen und mit Olivenöl beträufeln.

Im vorgeheizten Ofen 30-35 Minuten backen, bis das Gemüse weich und der Blumenkohl an den Rändern leicht gebräunt und knusprig ist.

In der Zwischenzeit Curry-Paste und Kokosmilch verrühren. Mischung über das Gemüse gießen und Linsen einrühren.

Für weitere 10 Minuten in den Ofen schieben. Zitronenviertel darüber ausdrücken, mit Koriander bestreuen und servieren.

**Serviervorschlag:** Mit Reis servieren.

# GEBACKENE VEGANE FAJITAS

Fajitas scheinen das beste Party-Food zu sein, wenn man viele Gäste hat. Sich seine eigene Fajita zusammenzustellen, während man mit Freunden und Familie an einem Tisch sitzt, ist eine sehr gesellige Art, dieses Gericht zu genießen. In diesem Buch gibt es Fajitas in fleischiger, aber auch in veganer Form – so gibt es bei einer Party für jeden etwas!

2 mittelgroße Süßkartoffeln, geschält und in 1,5 cm große Stücke geschnitten
3 TL Olivenöl
2 Paprikaschoten, am besten in verschiedenen Farben, entkernt und in 2 cm breite Streifen geschnitten
2 rote Zwiebeln, in Spalten geschnitten
30 g Fajita-Gewürzmischung (möglichst jene mit viel Zuckerzusatz vermeiden)
400 g Kichererbsen aus der Dose, abgegossen und abgespült

**ERGIBT 4 PORTIONEN**

Backofen auf 200 °C (Gas Stufe 4) vorheizen.

Süßkartoffeln auf ein großes Blech mit Rand legen. Mit 1/2 TL Olivenöl beträufeln. 15 Minuten im vorgeheizten Ofen backen.

In der Zwischenzeit Paprikaschoten, Zwiebeln, die restlichen 2 1/2 TL Olivenöl und die Fajita-Gewürzmischung in einer Schüssel vermengen.

Nach 15 Minuten Backzeit der Süßkartoffeln Paprika-Zwiebel-Mischung ebenfalls auf das Blech geben und alles gut vermengen.

Nach weiteren 15 Minuten Kichererbsen für 1 Minute zum Erwärmen unterrühren. Servieren.

**Serviervorschlag:** Mit Avocado-Mayonnaise (Seite 122), Kokos-Joghurt und entweder Wraps oder Reis servieren.

# BALSAMICO-TEMPEH & KNUSPRIGER BLUMENKOHL

Was für ein Schatz – Tempeh ist ein natürlich fermentiertes Nahrungsmittel, das heißt, es ist nährstoffreicher und leichter zu verdauen als modifiziertes und verarbeitetes Soja. Dieses Balsamico-Tempeh ist voller Aromen. Versuchen Sie es, Sie werden es immer wieder zubereiten.

2 EL Crema di Balsamico
¼ TL Knoblauchsalz
1 TL Ahornsirup
2 EL Olivenöl
200 g Tempeh
½ Blumenkohl, in Röschen geschnitten
½ TL Meersalz

**ERGIBT 2 PORTIONEN**

Backofen 180 °C (Gas Stufe 3) vorheizen.

In einer Schüssel Crema di Balsamico, Knoblauchsalz, Ahornsirup und 1 EL Olivenöl verrühren.

Tempeh abspülen und trocken tupfen, danach in 16 Quadrate oder Dreiecke schneiden.

Tempeh in die Marinade legen und darin wenden.

Blumenkohlröschen auf ein Blech mit Rand legen, mit dem restlichen EL Olivenöl beträufeln und mit Salz bestreuen. In der Mitte des Blumenkohls Platz für das Tempeh schaffen. Tempeh und Marinade auf das Blech geben.

Im vorgeheizten Ofen 30–35 Minuten backen, bis der Blumenkohl an den Rändern knusprig ist und die Marinade beinahe aufgesaugt hat. Sofort servieren.

# GERÖSTETES SOMMERGEMÜSE

Eine mediterrane Mischung von Gemüsesorten und Aromen. Man kann das Gericht mit einigen Aavocado-Scheiben mit Zitronensaft und schwarzem Pfeffer sowie Hummus ergänzen.

1 rote Zwiebel, halbiert und in dünne Scheiben geschnitten
4 mittelgroße Pilze, in dünne Scheiben geschnitten
10 Kirschtomaten, halbiert
½ Zucchini, mit einer Mandoline in dünne Scheiben gehobelt
2 TL Olivenöl
½ TL Meersalz
frisch gepresster Saft von ¼ Zitrone
1 EL frisches Basilikum, gehackt

**ERGIBT 2 PORTIONEN**

Backofen auf 200 °C (Gas Stufe 4) vorheizen.

Gemüse auf ein Blech mit Rand legen. Mit Olivenöl, beträufeln und mit Salz bestreuen.

Im vorgeheizten Ofen 20 Minuten braten. Währenddessen einmal umrühren.

Knapp vor dem Servieren mit Zitronensaft beträufeln und mit gehacktem Basilikum bestreuen.

**Serviervorschlag:** Mit Avocado-Scheiben, Hummus und Zitronenspalten servieren.

# GERÖSTETE AUBERGINE MIT MISO

Miso ist ebenfalls fermentiertes Soja, was bedeutet, dass es leicht verdaulich ist. Reich an Aromen und kombiniert mit dem weichen, schmelzenden Geschmack und der Konsistenz von Auberginen ergibt es ein asiatisch inspiriertes Blechgericht.

1 mittelgroße Aubergine (oder 2 kleine)
1½ EL Olivenöl
1 EL Miso-Paste
1 TL flüssiger Honig oder Ahornsirup
1 EL Tamari
1 EL heißes Wasser
2 cm frischer Ingwer, geschält und gerieben
1 Knoblauchzehe, zerdrückt
4 Frühlingszwiebeln, diagonal dünn geschnitten

**ERGIBT 2 PORTIONEN**

Backofen auf 200 °C (Gas Stufe 4) vorheizen.

Aubergine der Länge nach halbieren. Fruchtfleisch rautenförmig einschneiden, dabei achtgeben, die Schale nicht zu verletzen. Mit der Hautseite nach unten auf ein Blech setzen, mit Olivenöl begießen und im vorgeheizten Ofen 20 Minuten braten.

In der Zwischenzeit Miso, Honig, Tamari, Wasser, Ingwer und Knoblauch in einer Schüssel vermengen.

Nach 20 Minuten überprüfen, ob die Aubergine fast gar ist. Mit der Miso-Tamari-Mischung überziehen und für weitere 10 Minuten in den Ofen schieben, bis die Aubergine gar ist.

Mit geschnittenen Frühlingszwiebeln bestreut servieren.

# RATATOUILLE MIT GEBACKENEN BOHNEN

1 mittelgroße Aubergine, in 2 cm große Würfel geschnitten
1 rote Paprikaschote, entkernt und in 2 cm große Stücke geschnitten
¼ großer Butternuss-Kürbis, entkernt, geschält und in 2 cm große Würfel geschnitten
1 Zwiebel, in 8 Spalten geschnitten
1 EL Olivenöl
1 TL Meersalz
400 g Cannellini-Bohnen aus der Dose, abgegossen und abgespült
12 entkernte schwarze Oliven, halbiert
400 g geschälte Tomaten aus der Dose, gehackt
2 EL Tomatenmark
1 TL Ahornsirup
1½ TL frischer Basilikum, gehackt

**ERGIBT 4 PORTIONEN**

Als Kombination zweier Klassiker – Ratatouille und gebackene Bohnen – ist dieses Gericht voller Aromen ein ideales veganes Festessen mit Freunden oder der Familie.

Backofen auf 200 °C (Gas Stufe 4) vorheizen.

Gewürfelte Aubergine, Paprikaschote, Kürbis und Zwiebel auf einem Blech mit Rand verteilen.

Mit Olivenöl beträufeln und mit Salz bestreuen. 30 Minuten im vorgeheizten Ofen backen, bis das Gemüse weich ist.

Cannellini-Bohnen, schwarze Oliven, gehackte Tomaten, Tomatenmark und Ahornsirup zugeben und verrühren. Für weitere 10 Minuten in den Ofen schieben. Mit Basilikum bestreut servieren.

**Serviervorschlag:** Mit zerstampften neuen Kartoffeln servieren.

# CHILI MIT SCHWARZEN BOHNEN & SÜSSKARTOFFELN

2 große Süßkartoffeln, geschält und in 2 cm große Stücke geschnitten
1 TL Kokosfett oder Olivenöl
1 TL Meersalz
2 rote Zwiebeln, in 6 Spalten geschnitten
1 rote Paprikaschote, halbiert, entkernt und der Länge nach in 1 cm breite Streifen geschnitten
500 g passierte Tomaten
¾ TL geräuchertes Paprikapulver
½ TL gemahlener Kreuzkümmel
¾ TL getrockneter Majoran
⅛ TL Chiliflocken/Chilipulver
⅛ TL gemahlener Zimt
400 g schwarze Bohnen aus der Dose, abgegossen und abgespült

**ERGIBT 6 PORTIONEN**

Dieses Gericht bietet eine reichhaltige Kombination von Süßkartoffeln und herben Tomaten mit molligen und sättigenden schwarzen Bohnen. Die bunte Mischung ist ein ideales veganes Festessen für jede Gelegenheit.

Backofen auf 200 °C (Gas Stufe 4) vorheizen.

Süßkartoffeln auf ein Blech mit Rand setzen. Mit geschmolzenem Kokosfett oder Olivenöl beträufeln und mit einem ¼ TL Salz bestreuen.

Im vorgeheizten Ofen 10 Minuten backen. Zwiebeln und rote Paprikaschote zugeben und weitere 20 Minuten backen, dabei einmal umrühren.

Passierte Tomaten mit Paprikapulver, Kreuzkümmel, Majoran, Chiliflocken/Chilipulver, Zimt und dem restlichen ¾ TL Salz verrühren.

Nach 30 Minuten Backzeit schwarze Bohnen zugeben, danach die gewürzten, passierten Tomaten gut unterrühren. Weitere 15 Minuten backen und servieren.

# BEILAGEN & SALATE

# DOPPELT GEBACKENE KÄSE-KARTOFFELN

Die Kartoffeln sind beinahe eine komplette Mahlzeit für sich. Sie schmecken köstlich mit knackigem Salat und frischen Tomaten, oder als kohlehydrathaltige Beilage zur Hauptmahlzeit.

2 große Ofenkartoffeln
40 g Cheddar-Käse, gerieben
60 g Sauerrahm
½ TL Meersalz

**ERGIBT 4 PORTIONEN**
ALS BEILAGE

Backofen auf 220 °C (Gas Stufe 5) vorheizen.

Ofenkartoffeln mit einer Gabel leicht einstechen. Auf der mittleren Schiene in den vorgeheizten Ofen schieben und 45 Minuten weich backen.

Kartoffeln aus dem Ofen nehmen und vorsichtig in die Hälfte schneiden. Das Innere mit einem stumpfen Messer oder einem Löffel herausnehmen, dabei achtgeben, die Schale nicht zu verletzen.

Kartoffeln mit dem geriebenen Käse verrühren, bis er geschmolzen ist, dann mit Sauerrahm und Salz zerstampfen.

Die ausgehöhlten Kartoffelschalen auf ein Blech setzen und mit der Kartoffel-Käse-Mischung füllen.

Weitere 15 Minuten backen und sofort servieren.

# PERFEKTE BRATKARTOFFELN

Wer mag keine perfekt gebratenen Kartoffeln? Ich gestehe, dass es eine Weile dauerte und eines Gespräches mit meiner Mutter bedurfte, bevor ich eine Methode für perfekte Bratkartoffeln fand, mit der ich zufrieden war. Hier ist das Ergebnis.

2,5 kg mehlige Kartoffeln, geschält und längs geviertelt
5 EL Gänse- oder Entenschmalz
Meersalz und frisch gemahlener schwarzer Pfeffer

**ERGIBT 6 PORTIONEN**
ALS BEILAGE

Backofen auf 200 °C (Gas Stufe 4) vorheizen.

Kartoffeln in einen großen Topf geben, mit Wasser bedecken und etwas Salz zugeben. Zum Kochen bringen und 8 Minuten köcheln lassen. Wirklich gut abtropfen lassen, am besten mit einer Salatschleuder, sodass die Schalen wirklich trocken sind.

Auf der Herdplatte das Gänse- oder Entenschmalz in einem Blech mit Rand (keines mit Anti-Haftbeschichtung) schmelzen lassen. Kartoffeln auf dem Blech verteilen und großzügig mit Salz und Pfeffer würzen.

Weiter auf der Herdplatte braten, bis alle Kartoffeln an der Oberfläche zu bräunen beginnen, dann in den vorgeheizten Ofen schieben, etwa 40 Minuten knusprig braten und servieren.

# QUINOA-TABBOULEH

Natürlich wird traditionelles Tabbouleh aus Bulgur-Weizen gemacht. Ich bevorzuge jedoch aus ernährungstechnischen Gründen nicht nur hier Pseudo-Getreide oder kein Getreide gegenüber normalem Getreide, denn es ist leichter verdaulich. Quinoa funktioniert in diesem unkomplizierten Gericht sehr gut.

150 g Quinoa
4 Rispen-Tomaten, geschält, entkernt und gewürfelt
2–3 EL frische, glatte Petersilie, gehackt
2–3 EL frische Minze, gehackt
½ rote Zwiebel, sehr dünn geschnitten (optional)
6 Frühlingszwiebeln, dünn geschnitten

**Für das Dressing**
6 EL extra natives Olivenöl
frisch gepresster Saft von 2 Zitronen
Meersalz und frisch gemahlener schwarzer Pfeffer

**ERGIBT 6 PORTIONEN**
ALS BEILAGE

Quinoa in ein Sieb geben und gründlich abspülen. Mit 250 ml Wasser in einen Topf geben.

Zum Kochen bringen, dann die Temperatur zurückschalten. Zudecken und 15–20 Minuten köcheln lassen, bis die Quinoa weich ist und das Wasser aufgesogen hat. In eine Schüssel transferieren und auskühlen lassen.

Gewürfelte Tomaten zum Quinoa geben, danach Petersilie, Minze, rote Zwiebel (wenn gewünscht) und Frühlingszwiebeln unterrühren.

Alle Zutaten für das Dressing in einer kleinen Schüssel verquirlen und nach Geschmack würzen. Über das Tabbouleh gießen, umrühren und servieren.

# GEBRATENER BLUMENKOHL-REIS MIT EI

Blumenkohl-Reis ist eine sehr angenehme Beilage für viele Gerichte, besonders für Blechgerichte mit viel Sauce. Diese Version mit Ei erhöht Proteingehalt und Nährwert sogar noch. Sie passt besonders gut zu saftigen, asiatischen Blechgerichten.

175 g Blumenkohlröschen
1 EL Olivenöl
2½ EL gefrorene Erbsen
⅛ TL Fischsauce
¼ TL Tamari
1 großes Ei, verquirlt
2 Frühlingszwiebeln, diagonal sehr dünn geschnitten

**ERGIBT 2 PORTIONEN**
ALS BEILAGE

Blumenkohl in einer Küchenmaschine zerkleinern, bis er eine reisähnliche Konsistenz aufweist.

Olivenöl in einer kleinen Pfanne bei niederer bis mittlerer Hitze erwärmen und den Blumenkohl-Reis zugeben. 6 Minuten unter Rühren braten, dann gefrorene Erbsen, Fischsauce und Tamari zugeben.

Weiterrühren (etwa 2 Minuten), bis alles gut durchgewärmt ist, dann verquirltes Ei zugießen.

Sofort vom Herd nehmen und etwa 1 Minute rühren, bis das Ei gestockt ist. Es sollte die Konsistenz von Rührei haben.

Mit geschnittenen Frühlingszwiebeln bestreut servieren.

## GERÖSTETE KICHERERBSEN MIT KREUZKÜMMEL

Das ist ein fantastisches Topping für eine Mahlzeit oder einen Salat und passt besonders gut zu den asiatisch inspirierten Blechgerichten dieses Buches.

400 g Kichererbsen aus der Dose, abgegossen und abgespült
1 TL Knoblauchpulver
1 TL Zwiebelpulver
½ TL gemahlener Kreuzkümmel
1 EL Olivenöl
¼–½ TL Meersalz

**ERGIBT 2 PORTIONEN**
ALS BEILAGE

Backofen auf 200 °C (Gas Stufe 4) vorheizen.

In einer Schüssel Kichererbsen mit Knoblauchpulver, Zwiebelpulver, Kreuzkümmel und Olivenöl vermengen.

Kichererbsen auf einem Blech mit Rand verteilen. Im vorgeheizten Ofen 30 Minuten leicht rösten, dabei das Blech von Zeit zu Zeit schütteln, um sicherzustellen, dass die Kichererbsen gleichmäßig garen.

Aus dem Ofen nehmen. Nach Geschmack mit Salz bestreuen. Heiß oder kalt servieren. Wenn man sie kalt serviert, Kichererbsen auskühlen lassen und bis zum Servieren in einem luftdicht verschlossenen Behälter aufbewahren. Sie sollten jedoch innerhalb von 24 Stunden konsumiert werden.

## BUTTERBOHNEN-PÜREE MIT ZITRONE & KNOBLAUCH

Dieses Püree ist eine eiweißreiche Alternative zu Kartoffelpüree und passt wunderbar zu Blechgerichten auf Tomatenbasis.

400 g Butterbohnen aus der Dose, abgegossen und abgespült
1 kleine Knoblauchzehe, dünn geschnitten
2 EL Olivenöl
frisch gepresster Saft von 1 Zitrone
Meersalz und frisch gemahlener schwarzer Pfeffer

**ERGIBT 2 PORTIONEN**
ALS BEILAGE

Butterbohnen und Knoblauch in einen kleinen Topf mit Wasser bedecken und zum Köcheln bringen, danach abgießen.

Bohnen und Knoblauch in einer Küchenmaschine geben. Zuerst Olivenöl zugeben und danach bei laufendem Motor Zitronensaft zugießen und mixen, bis die Konsistenz von dünnem Püree erreicht ist. Nach Geschmack mit Salz und Pfeffer würzen. Warm oder kalt servieren.

## ZITRONEN-FENCHEL-SALAT

Dieser erfreulich leichte Salat wird Ihnen in Erinnerung rufen, wie köstlich Fenchel schmeckt.

2 EL extra natives Olivenöl
1 EL Apfelessig
frisch gepresster Saft von ½ Zitrone
4 Fenchelknollen, geraspelt
Meersalz

**ERGIBT 6 PORTIONEN**

Olivenöl, Apfelessig und Zitronensaft in einer großen Schüssel verquirlen.

Geraspelten Fenchel unterrühren.

Nach Geschmack mit Salz würzen, umrühren und servieren.

## CREMIGER COLESLAW

Dieser köstliche Krautsalat wird in wenigen Minuten mit Mayonnaise, Sauerrahm und verschiedenen Gewürzen zubereitet. Er passt sehr gut zu vielen der sättigenden Gerichte dieses Buches.

½ Kopf Weißkraut, geraspelt
2 mittelgroße Karotten, geraspelt
1 rote Zwiebel, dünn geschnitten
75 g Mayonnaise
1 EL Sauerrahm
1 EL Apfelessig
1 EL Senfpulver
1 EL Kokoszucker
Meersalz und frisch gemahlener
    schwarzer Pfeffer

**ERGIBT 6 PORTIONEN**

Zuerst Kraut und Karotten vorbereiten und in einer großen Schüssel vermengen.

Mayonnaise, Souerrahm, Essig, Senfpulver, Kokoszucker sowie Salz und Pfeffer in einer kleinen Schüssel verrühren.

Die Mayonnaise-Mischung über das vorbereitete Gemüse gießen, zudecken und vor dem Servieren einige Stunden im Kühlschrank ziehen lassen.

## AVOCADO-MAYONNAISE

Das war eine Zufallsentdeckung beim Versuch, Avocados aufzubrauchen, die ausgezeichnet zu Burgern passt.

3 reife Avocados, ohne Kern und Schale
1 EL frisch gepresster Zitronensaft
1 EL Apfelessig
2 EL Olivenöl
Meersalz und frisch gemahlener
    schwarzer Pfeffer

**ERGIBT 6 PORTIONEN**

Alle Zutaten außer dem Olivenöl in einer Küchenmaschine zu einer Paste pürieren.

Olivenöl zugeben und nochmals mixen. Mit mehr Zitronensaft, Essig sowie Salz und Pfeffer abschmecken und servieren.

# EINFACHER SALAT MIT DRESSING

Dies ist ein einfacher Salat als Beilage mit unkompliziertem Dressing aus Zutaten aus dem Vorratsschrank. Er passt gut zu vielen Hauptgerichten in diesem Buch.

1 Packung gemischter Blattsalat
½ Gurke, dünn geschnitten
20 Kirschtomaten, halbiert
1 rote Zwiebel, dünn geschnitten (optional)

**Für das Dressing**
2 TL Olivenöl
1½ EL Balsamico-Essig
1½ TL flüssiger Honig
½ TL körniger Senf
Meersalz und frisch gemahlener schwarzer Pfeffer

**ERGIBT 4 PORTIONEN**
ALS BEILAGE

Zutaten für den Salat in eine große Schüssel geben.

Zutaten für das Dressing vermengen. Eine einfache Art, dies zu tun, ist, alle Zutaten in eine saubere Flasche oder ein Konfitürenglas mit Deckel zu füllen und zu schütteln, bis Öl und Essig emulgieren.

Dressing über den Salat gießen, alles gut vermengen, sodass das Dressing gleichmäßig verteilt wird.

Salat sofort servieren.

# AUBERGINEN-PÜREE

Auberginen bekommen eine reichhaltige, saftige Konsistenz, wenn man sie mit Olivenöl röstet. Dieses Rezept bringt Auberginen richtig gut zur Geltung. Es ist eine ausgezeichnete Beilage, besonders wenn das Hauptgericht asiatisch inspiriert ist.

1 große Aubergine, in 2 cm große Würfel geschnitten
4 EL Olivenöl
1 EL frisch gepresster Zitronensaft
½ Knoblauchzehe, zerdrückt
½ TL Meersalz
¼ TL gemahlener Kreuzkümmel

**ERGIBT 4 PORTIONEN**
ALS BEILAGE

Backofen auf 200 °C (Gas Stufe 4) vorheizen.

In einer großen Schüssel Aubergine in 2 EL Olivenöl wenden.

Auf einem Blech mit Rand verteilen und im vorgeheizten Ofen weich braten. Das sollte etwa 20 Minuten dauern.

Sobald sie gar ist, Aubergine mit allen anderen Zutaten und dem restlichen Olivenöl in einer Küchenmaschine fein pürieren. Heiß oder kalt als Beilage servieren.

# SÜSSES

# MÜSLI OHNE GETREIDE

Müsli hat einen schlechten Ruf wegen des Zuckers. Unser Müsli wird mit natürlichem Zucker zubereitet und verzichtet zudem noch auf das Getreide, um es sättigend zu machen. Das bedeutet, man braucht weniger davon und kann es, vor allem in Gläsern präsentiert, mit einer Schicht Joghurt als köstliches und schönes Dessert servieren.

50 g/5 EL Kokosfett, geschmolzen
65 g Ahornsirup
100 g Kokosraspel oder Kokosflocken
100 g Nüsse, gehackt und/oder Samen
½ TL gemahlener Zimt
1 Handvoll getrocknete Früchte

**ERGIBT 3 PORTIONEN**

Backofen 180 °C (Gas Stufe 3) vorheizen.

Geschmolzenes Kokosfett und Ahornsirup in einer kleinen Schüssel verrühren.

Kokosraspel, Nüsse/Samen, Zimt und getrocknete Früchte in einer großen Schüssel vermengen. Kokosfett-Ahornsirup-Mischung über die trockenen Zutaten gießen und gut verrühren.

Müsli auf einem, mit Backpapier ausgelegten, Blech verteilen. Im vorge-heizten Ofen 15–20 Minuten backen, bis es zu bräunen beginnt, während des Backens zwei Mal umrühren. Müsli nicht aus den Augen lassen, da es leicht verbrennt. Aus dem Ofen nehmen und vor dem Servieren auskühlen lassen.

# GERÖSTETE ANANAS

Geröstete Ananas ist saftig und süß und kommt bei jedem gut an. Am besten serviert man sie direkt aus dem Ofen, nach dem Hauptgericht, das wirkt sich gut auf die Verdauung aus. Nur wenige wissen, dass Ananas das Verdauungsenzym Bromelain enthält.

1 mittelgroße Ananas, geschält, ohne Strunk und in 1 cm große Würfel geschnitten
1 EL Kokoszucker
1 EL Kokosfett, geschmolzen
½ TL gemahlener Zimt

**ERGIBT 4 PORTIONEN**

Backofen auf 220 °C (Gas Stufe 5) vorheizen.

Alle Zutaten auf einem Blech mit Rand gut vermengen.

15 Minuten im vorgeheizten Ofen backen, bis die Ananas weich und karamellisiert ist.

**Serviervorschlag:** Heiß mit geschlagener Sahne, Crème fraîche oder Kokossahne servieren.

# BANANEN-BUTTER-FLAPJACKS (HAFERRIEGEL)

Ein Flapjack ist ein Riegel aus Haferflocken, Butter und Zucker, der auf einem Blech gebacken wird. Unser Flapjack wird jedoch statt mit raffiniertem Zucker mit dem natürlichen Zucker von Bananen und Honig süß und saftig. Es ist ein reichhaltiges Dessert und ein Riegel sollte genügen, aber man weiß ja nie.

300 g reife Bananen, geschält und zerdrückt
65 g/4 EL Butter, geschmolzen
40 g flüssiger Honig
1 TL gemahlener Zimt
225 g Haferflocken
20 x 20 cm großes Blech mit Rand, befettet

**ERGIBT 9 PORTIONEN**

Backofen auf 200 °C (Gas Stufe 4) vorheizen.

Alle Zutaten in einer großen Schüssel vermengen.

Mischung gleichmäßig auf dem Boden des vorbereiteten Blechs andrücken.

Im vorgeheizten Ofen 20 Minuten goldbraun backen. Aus dem Ofen nehmen.

Auf dem Blech auskühlen lassen, in neun Portionen schneiden, vom Blech heben und servieren.

# GEBACKENE SCHOKO-BANANEN

Vielleicht erinnert Sie das Rezept an Lagerfeuer in der Kindheit. Wenn das so ist, bin ich froh, denn diese Momente im Leben sind etwas ganz Besonderes. Und es ist eine tolle Kombination – Bananen und Schokolade sind wie füreinander gemacht.

4 Bananen, geschält
1 kleines Paket dunkle Schoko-Drops (man braucht etwa 5 Drops für jede Banane)
½ TL gemahlener Zimt

**ERGIBT 4 PORTIONEN**

Backofen auf 200 °C (Gas Stufe 4) vorheizen.

Jede Banane auf einem extra Blatt Alufolie auf die Seite legen. Banane entlang der Krümmung in der Mitte bis auf halbe Höhe durchschneiden. Schoko-Drops in den Schlitz stecken. Banane mit 1/8 TL Zimt bestreuen und mit der Alufolie umwickeln.

Bananen-Pakete auf ein Backblech legen und im vorgeheizten Ofen 15–20 Minuten backen, bis die Banane weich und die Schokolade geschmolzen ist.

## GEBACKENE NEKTARINEN

Die süßen, im Mund schmelzenden, gebackenen Nektarinen sind sehr lecker. Sie sind ein köstlich einfaches Dessert für eine Dinner-Party, denn sie brauchen wenig Zeit für die Zubereitung und schmecken dennoch beeindruckend.

50 g/3 EL flüssiger Honig
½ TL gemahlener Zimt
¼ TL Vanille-Extrakt
4 reife Nektarinen, halbiert und entkernt

**ERGIBT 4 PORTIONEN**

Backofen auf 200 °C (Gas Stufe 4) vorheizen.

Honig, Zimt und Vanille-Extrakt in einer kleinen Schüssel verrühren.

Nektarinen mit der Schnittseite nach oben auf ein Blech mit Rand setzen und mit der Honigmischung gleichmäßig beträufeln.

Nektarinen im vorgeheizten Ofen 20 Minuten backen, bis sie weich und klebrig sind, aber nicht auseinanderbrechen.

**Serviervorschlag:** Mit Naturjoghurt oder Kokosjoghurt und mit Zimt bestreut servieren.

## GEBACKENE KOCHBANANEN MIT ZIMT

Kochbananen sind seit Jahrhunderten Bestandteil der asiatischen Küchenkultur. Man kann sie sowohl in salzigen als auch süßen Gerichten verwenden, doch anders als ihre gewöhnliche Cousine, die Banane, muss sie gekocht werden. Diese Speise ist trotz weniger Zutaten voller Aromen. Lassen Sie sich nicht davon abhalten, eine neue oder unbekannte Zutat auszuprobieren – eine ganze Reihe von Optionen wird sich eröffnen, denn Kochbananen sind sehr vielseitig.

1 reife Kochbanane, geschält und diagonal in etwa 2 cm dicke Scheiben geschnitten
1½ TL Kokosfett, geschmolzen
½ TL gemahlener Zimt

**ERGIBT 2 PORTIONEN**

Backofen auf 180 °C (Gas Stufe 3) vorheizen.

Die in Scheiben geschnittene Kochbanane in geschmolzenem Kokosfett wenden.

Danach die Scheiben auf einem kleinen Blech mit Rand ausbreiten und mit gemahlenem Zimt bestreuen.

Im vorgeheizten Ofen 10 Minuten backen, bis die Kochbananenscheiben karamellisiert sind.

**Serviervorschlag:** Mit Joghurt oder Kokossahne servieren.

# GEBACKENE ZIMT-BIRNEN

Beim Backen kommen die besten Eigenschaften von Birnen zutage. In unserem Fall macht sie die Kombination mit Zimt noch geschmackvoller. Eine einfache, aber beeindruckende Nachspeise.

4 reife Birnen, geviertelt und entkernt
1 EL Kokoszucker
1 EL gemahlener Zimt
2 TL Kokosfett

**ERGIBT 4 PORTIONEN**

Backofen auf 180 °C (Gas Stufe 3) vorheizen.

Die vier Viertel jeder Birne auf ein Stück Alufolie setzen, das groß genug ist, um später alle vier Stücke damit einzuwickeln.

Zucker und Zimt vermengen und die Birnen damit bestreuen. Danach mit kleinen Stücken Kokosfett belegen oder, wenn es flüssig ist, damit beträufeln (etwa ½ TL pro Birne). Die Alufolie über den Birnenvierteln zu Paketen zusammenfalten und auf ein Blech legen.

30 Minuten im vorgeheizten Ofen backen, bis sie weich und glänzend sind. Mit dem eigene Saft beträufeln und servieren.

**Serviervorschlag:** Mit Kokosjoghurt oder dickem griechischen Joghurt servieren.

# HAFERFLOCKEN-APFEL-KNUSPER

**Für den Boden aus Äpfeln**
4 große Kochäpfel (wie Bramley), geschält, Gehäuse entfernt und in 1,5 cm große Würfel geschnitten
1 EL Pfeilwurzpulver
½ TL gemahlener Zimt
¼ TL Stevia-Pulver
¼ TL gemahlener Ingwer
1 Prise gemahlener Cayennepfeffer

**Für das Crumble**
110 g Mandelblättchen oder Mandelstifte
30 g geriebene Mandeln
100 g glutenfreie Haferflocken
60 g Ahornsirup
60 g/4 EL Ghee oder geschmolzenes Kokosfett
¾ TL gemahlener Zimt
1 Prise Meersalz
20 x 30 cm großes Blech mit Rand

**ERGIBT 8 PORTIONEN**

Diese leichte Version des Apfel-Crumbles ist mit dem dicken Boden aus Äpfeln und einem knusprigen Topping aus Haferflocken und Mandeln ein idealer Abschluss einer Mahlzeit.

Backofen auf 220 °C (Gas Stufe 5) vorheizen.

Zuerst den Apfelboden zubereiten. In einer großen Schüssel, Äpfel mit Pfeilwurz, Zimt, Stevia, Ingwer und Cayennepfeffer vermengen und auf dem Blech verteilen.

Alle Zutaten für das Crumble gut vermengen und über die Äpfel streuen.

Im vorgeheizten Ofen 20 Minuten backen, dann die Temperatur auf 200°C (Gas Stufe 6) reduzieren und weitere 15 Minuten backen, bis die Oberfläche gebräunt ist und die gebratenen Äpfel leicht blubbern.

Aus dem Ofen nehmen und heiß oder kalt servieren.

# GEBACKENER RHABARBER MIT ORANGEN

Rhabarber hat nur kurz Saison, deshalb sollte man das Meiste aus ihm herausholen, solange es ihn gibt. Rhabarber und Orangen passen gut zusammen und ergeben ein feines Dessert, das besonders gut mit etwas Cremigem wie Kokosjoghurt, Kokssahne oder Sahne schmeckt.

400 g Rhabarber, abgespült und in 5 cm große Stücke geschnitten
frisch gepresster Saft und geriebene Schale von 1 Bio-Orange
1½ EL Honig

**ERGIBT 4 PORTIONEN**

Backofen auf 180 °C (Gas Stufe 3) vorheizen.

Rhabarber auf einem Blech mit Rand verteilen.

Mit Orangensaft beträufeln und Orangenschale bestreuen, danach mit Honig beträufeln und alles gut vermengen.

30 Minuten im vorgeheizten Ofen backen, bis der Rhabarber weich ist, während der Backzeit ein oder zwei Mal umrühren.

**Serviervorschlag:** Mit Naturjoghurt, Kokossahne oder Sahne servieren.


# BRATÄPFEL MIT CAYENNEPFEFFER

Ein Bratapfel fühlt sich wirklich nach Herbst an und ist in unserer Familie sehr beliebt. Die köstliche Kombination von Apfel und Cayennepfeffer macht dieses Gericht zu einem kostengünstigen Dessert.

2 Kochäpfel (wie Bramley)
1 EL Honig
½ TL Cayennepfeffer
1 gehäufter TL Butter oder Ghee
2 TL Mandel- oder Erdnussbutter, zum Servieren

**ERGIBT 2 PORTIONEN**

Backofen auf 180 °C (Gas Stufe 3) vorheizen.

Das Gehäuse der Äpfel ausschneiden, dabei Äpfel jedoch ganz lassen, damit sie die Fülle während des Bratens einschließen, und auf ein Blech mit Rand setzen.

Honig, Cayennepfeffer und Butter oder Ghee in einer Schüssel vermengen.

Die Mischung gleichmäßig verteilt in die Mitte der beiden Äpfel füllen und 25 Minuten im vorgeheizten Ofen braten, bis die Äpfel weich sind. Mit Mandel- oder Erdnussbutter servieren.

## KLEBRIGER INGWERKUCHEN

Das ist ein köstlich saftiger Kuchen, der mich an meine Kindheit erinnert. Laut meinen Kindern ist dieser Kuchen der ‚Geschmack von Weihnachten'.

8 essfertige, getrocknete Datteln
20 essfertige, getrocknete Pflaumen
75 g Melasse oder schwarzer Sirup
100 g Ahornsirup
185 g Naturjoghurt oder Kokosjoghurt
    (für eine vegane Version)
250 ml Milch (Kokosmilch
    für eine vegane Version)
3½ EL Olivenöl,
    plus mehr zum Befetten
2 Eier, verquirlt
350 g Dinkelmehl (oder für eine glutenfreie
    Version 170 g Buchweizenmehl, 100 g
    braunes Reismehl, 50 g Tapioka-Stärke,
    40 g geschrotete Leinsamen)
2½ TL gemahlener Ingwer
2 TL gemahlener Zimt
1 TL Natron*
1 TL Backpulver*
* glutenfreie Marken für glutenfreien Kuchen
    verwenden

27 x 20 cm großes Brownie-Blech, befettet
    und mit Backpapier ausgelegt

**ERGIBT 15 PORTIONEN**

Backofen auf 180 °C (Gas Stufe 3) vorheizen.

Datteln und Pflaumen in einer Küchenmaschine pürieren.

Melasse oder Sirup, Ahornsirup, Joghurt, Milch, Olivenöl und Eier zugeben und nochmals mixen.

In einer separaten Schüssel alle trockenen Zutaten vermengen.

Trockene Zutaten mit den pürierten Zutaten vermischen.

Auf das vorbereitete Brownie-Blech gießen.

30 Minuten im vorgeheizten Ofen backen, bis an einem in die Mitte des Kuchens gesteckten Zahnstocher nichts mehr haften bleibt.

Aus dem Ofen nehmen und etwas auskühlen lassen, danach in 15 Quadrate schneiden und servieren. Eventuelle Reste kann man in einem luftdicht verschlossenen Behälter an einem kühlen trockenen Ort ein paar Tage aufbewahren.

# MANDEL-CRUMBLE MIT APFEL & BROMBEEREN

Mandeln in vielen Formen sind eine fantastische und leichter verdauliche Alternative zu Mehlsorten auf Getreidebasis. Sie liefern für viele Gerichte auch großartigen Geschmack und erfreuliche Konsistenz.

150 g frische Brombeeren
1 Apfel, Gehäuse entfernt, in Spalten und dann in sehr dünne Scheiben geschnitten
⅛ TL Stevia-Pulver
¼ TL gemahlener Zimt
65 g geriebene Mandeln
35 g Mandelblättchen
45 g/3 EL Ghee oder Kokosfett
Brotform (450 g) oder kleines Backblech

**ERGIBT 2 PORTIONEN**

Backofen auf 200 °C (Gas Stufe 4) vorheizen.

Brombeeren und Apfelscheiben auf den Boden der Brotform legen.

In einer mittelgroßen Schüssel Stevia, Zimt, geriebene Mandeln und Mandelblättchen mit Ghee oder Kokosfett vermengen, entweder mit einem Löffel oder mit den Fingerspitzen.

Crumble-Mischung in einer gleichmäßigen Schicht auf den Früchten verteilen.

25 Minuten im vorgeheizten Ofen backen und servieren.

**Serviervorschlag:** Mit Kokossahne oder Sahne servieren.

# GEBACKENER REISPUDDING

Reis ist ein so vielfältiges Korn. Er eignet sich für eine Vielzahl an Gerichten, auch für Desserts. Dieser vegane Reispudding enthält wenig Zucker und wird aus übrig gebliebenen Reis zubereitet. Er schmeckt also nicht nur großartig, man kann damit auch Reste verkochen.

430 g kalter gekochter Reis
50 g Rosinen
2 Eier, verquirlt
360 ml Mandel- oder Kokosmilch
85 g Apfelmus, ungesüßt
1 TL Vanillebohnen-Paste
2 EL Ahornsirup
1 TL gemahlener Zimt
20 x 20 cm großes Blech mit Rand, mit Butter befettet

**ERGIBT 9 PORTIONEN**

Backofen auf 200 °C (Gas Stufe 4) vorheizen.

Gekochten Reis auf dem Blech verteilen und mit einer Gabel auflockern. Gleichmäßig mit Rosinen bestreuen.

In einer separaten Schüssel verquirlte Eier, Milch, Apfelmus, Vanille und Ahornsirup verrühren. Mischung über den gekochten Reis mit den Rosinen gießen.

Alles gleichmäßig mit Zimt bestreuen.

30 Minuten im vorgeheizten Ofen backen. Heiß oder kalt essen.

**Serviervorschlag:** Mit Kokosjoghurt oder griechischem Joghurt und frischen Früchten servieren.

# REGISTER

**A**

Ananas: Schweinefilet mit Jerk-Gewürz und Ananas 18
  Geröstete Ananas 129
Äpfel: Mandel-Crumble mit Apfel & Brombeeren 141
  Bratäpfel mit Cayennepfeffer 137
  Entenkeulen mit Apfel, Pastinaken & Weißkraut 56
  Haferflocken-Apfel-Knusper 134
Auberginen: Auberginen-Püree 125
  Auberginen mit Miso 111
Avocados: Avocado-Butternuss-Kürbis, & Eier mit Harissa 81
  Avocado-Mayonnaise 122
  Mango-Avocado-Salsa 86
  Milde Guacamole 51

**B**

Bananen: Gebackene Schoko-Bananen 130
  Bananen-Butter-Flapjacks 130
Birnen, gebackene Zimt- 134
Blumenkohl: Balsamico-Tempeh & Blumenkohl 108
  Butternuss-Kürbis & Blumenkohl-Linsen-Korma 104
  Blumenkohl-Reis mit Ei 118
  Indische Garnelen mit Blumenkohl 70
Bohnen: Brathähnchen & Bohnen mit Wurzelgemüse 52
  Butterbohnen-Püree mit Zitrone & Knoblauch 121
  Chili mit schwarzen Bohnen & Süßkartoffeln 112
  Marinierte Lammkoteletts mit Knoblauch-Tomaten & weißen Bohnen 34
  Ratatouille mit gebackenen Bohnen 112
  Schwarze Bohnen-Nachos 78
  Schwarze Bohnen & Mais-Pfanne 77
Brokkoli, Knoblauch 21, 25
Brombeeren: Mandel-Crumble mit Apfel & Brombeeren 141
Burger: Lamm-Burger mit Minze & Gemüse 30
  Burger mit Roquefort 25
  Steak-Burgers 25
Butternuss-Kürbis: Avocado-Butternuss-Kürbis & Eier mit Harissa 81
  Butternuss-Kürbis & Blumenkohl-Linsen-Korma 104
  Cajun-Lachs mit Butternuss-Kürbis 69
  Getreidefreie Tomaten-‚Spaghetti' mit Roquefort 90
  Pikantes Roastbeef mit Butternuss-Kürbis & Kraut 26

**C**

Cajun-Lachs mit knusprigem Lauch 69
Chili, schwarze Bohnen & Süßkartoffel 112
Chips, Steak & 29
Chorizo: Gebackene Eier mit Chorizo, Tomaten & Spinat 14
  Rindfleischbällchen & Chorizo 22
  Weißfisch & Chorizo, überbacken 66
Coleslaw, cremiger 122
Coq au vin 43
Corned-Beef: Wurzelgemüse & Corned-Beef-Stampf 22
Cornflakes-Chicken Nuggets 47
Crumble, Mandel-, mit Apfel & Brombeeren 141
Curry: Butternuss-Kürbis & Blumenkohl-Linsen-Korma 104
  Curry mit Kichererbsen & Paprika 103
  Curry mit Kichererbsen & Gemüse 103

**E**

Eier: Avocado-Butternuss-Kürbis & Eier mit Harissa 81
  Gebackene Eier mit Chorizo, Tomaten & Spinat 14
  Gebackene Frittata 78
  Gebratener Blumenkohl-Reis mit Ei 118
  Süßkartoffelstampf & Grünkohl und Eiern 14
Ente: Entenkeulen mit Apfel, Pastinaken & Weißkraut 56
  Ente mit Orangenglasur auf einem Bett von Lauch und Pilzen 56

**F**

Fajitas: Hähnchen-Fajitas 51
  Vegane Fajitas 107
Falafeln, Süßkartoffel 99
Falsches Hähnchen Kiew 48
Feigen, Rucola-Salat mit gerösteten 89
Fenchel: Zitronen-Fenchel-Salat 122
  Kabeljaufilet mit Balsamico-Fenchel 65
Fisch: Cajun-Lachs 69
  Fischfilets auf mediterrane Art 62
  Heilbutt mit Tomatenpesto 62
  Kabeljau in Tomaten-Oliven-Sauce 65
  Kabeljaufilet mit Balsamico-Fenchel 65
  Lachs auf thailändische Art 61
  Muffins mit Räucherlachs 61
  Seeteufel in Parmaschinken 73
  Lachs mit Tamari und Ingwer 70
  Weißfisch & Chorizo, überbacken 66
  Zitrone & Butter, überbackener Lachs, mit 66
Flapjacks, Bananen-Butter 130
Fleischbällchen: Rindfleisch & Chorizo 22
  Lamm-Köfte 33
  Schweinefleischbällchen 17
Frittata, gebackene 78
Frühstück – Alles in einem 13
Frühstücksomelett 13

**G**

Garnelen: Indische Garnelen mit Blumenkohl 70
Gebratenes Hähnchen mit rotem Paprika 44
Gemüse: Brathähnchen mit Bohnen & Wurzelgemüse 52
  Curry mit Kichererbsen & Gemüse 103
  Türmchen aus Ziegenkäse & Gemüse 82
  Einfaches Thai-Gemüse 100
  Eintopf mit Halloumi, Quinoa & Gemüse 86
  Heilbutt mit Tomatenpesto & grünem Gemüse 62
  Gemüserisotto 96
  Geröstetes Sommergemüse 111
  Lachs mit Zitrone & Butter und Frühlingsgemüse 66
  Lamm-Burger & Gemüse 30
  Lammkoteletts mit Rosmarin-Gemüse 34
  Lammspieße mit Gemüse 33
  Sommergemüse-Auflauf mit Pesto 96
  Steak-Burger mit Balsamico-Röstgemüse 25
  Wurzelgemüse & Corned-Beef-Stampf 22
Getreidefreie Tomaten-‚Spaghetti' mit Roquefort 90
Grünkohl: Süßkartoffel & Grünkohl-Stampf 14
Guacamole, milde 51

**H**

Hackbraten, allseits beliebter 21
Haferflocken-Apfel-Knusper 134
Hähnchen: Brathähnchen & Bohnen mit Wurzelgemüse 52
  Chicken Nuggets mit gerösteten Tomaten, Oliven & Spargel 47
  Coq au vin 43
  Cornflakes-Chicken Nuggets 47
  Falsches Hähnchen Kiew 48
  Gebratenes Hähnchen mit rotem Paprika 44
  Gebratene Hähnchenkeulen mit Pflaumen & Estragon 48
Hähnchen-Fajitas 51
  Knoblauch-Brathähnchen 55
  Marokkanisches Hähnchen 52
  Türmchen aus Ziegenkäse & Gemüse 822
Halloumi: Eintopf mit Halloumi, Quinoa & Gemüse 86
  Kürbis mit Honig-Harissa-Halloumi 89
Harissa: Avocado-Butternuss-Kürbis, & Eier mit Harissa 81
  Harissa-Hähnchen & Kichererbsen-Eintopf 44
  Kürbis mit Honig-Harissa-Halloumi 89

**I**

Indische Garnelen mit Blumenkohl 70
Ingwerkuchen, klebriger 138
  Harissa Hähnchen & Kichererbsen-Eintopf 44

Süßkartoffel-Falafeln 99

**K**
Karotten: Frühstücksomelett 13
  Knoblauch-Brathähnchen mit Schalotten & Karotten 55
  7-Stunden-Lamm mit Röst-Karotten 37
  Rauchige Lammrippchen mit Karotten 30
Kartoffeln: Bratkartoffeln 48, 117
  Doppelt gebackene Käse-Kartoffeln 117
  Lachs mit Tamari und Ingwer mit neuen Kartoffeln 70
  Seeteufel mit Parmaschinken, Dill-Kartoffeln & Zucchini 73
Käse: Burger mit Roquefort 25
  Doppelt gebackene Käse-Kartoffeln 117
  Eintopf mit Halloumi, Quinoa & Gemüse 86
  Gebackener Camembert mit Honig & Thymian 85
  Getreidefreie Tomaten-‚Spaghetti' mit Roquefort 90
  Kürbis mit Honig-Harissa-Halloumi 89
  Schwarze Bohnen-Nachos 78
  Türmchen aus Ziegenkäse & Gemüse 82
  Überbackener Feta auf mediterrane Art 85
Kichererbsen: Curry mit Kichererbsen & Gemüse 103
  Curry mit Kichererbsen & Paprika 103
  Geröstete Kichererbsen mit Kreuzkümmel 121
Klebriger Ingwerkuchen 138
Knollensellerie, 7-Stunden-Lamm mit geröstetem 37
Kochbanane, gebackene mit Zimt 133
Köfte, Lamm 33
Kraut: Entenkeulen mit Apfel, Pastinaken & Weißkraut 56
  Pikantes Roastbeef mit Butternuss-Kürbis & Kraut 26

**L**
Lachs auf thailändische Art 61
Lamm: Honigsenf-Lamm & Pastinaken 38
  Lamm-Burger mit Minze & Gemüse 30
  Lamm-Köfte 33
  Lammkoteletts mit Rosmarin-Gemüse 34

Lammspieße mit Röstgemüse 33
  Marinierte Lammkoteletts 34
  Rauchige Lammrippchen mit langsam gerösteten Karotten 30
  7-Stunden-Lamm mit Röst-Karotten & Knollensellerie 37
Lauch: Cajun-Lachs mit knusprigem Lauch 69
  Ente mit Orangenglasur auf einem Bett von Lauch und Pilzen 56
Linsen: Butternuss-Kürbis & Blumenkohl-Linsen-Korma 104

**M N O**
Mais: schwarze Bohnen & Mais-Pfanne 77
Mango-Avocado-Salsa 86
Marokkanisches Hähnchen 52
Mayonnaise, Avocado- 122
Muffins mit Räucherlachs 61
Müsli ohne Getreide 129
Nachos, schwarze Bohnen 78
Nektarinen, gebackene 133
Orangen: Ente mit Orangenglasur auf einem Bett von Lauch und Pilzen 56
  Rhabarber, gebackener mit Orangen 137

**P**
Paprikaschoten: Rindfleisch bällchen & Chorizo mit mediterraner Sauce und Paprikaschoten 22
  Curry mit Kichererbsen & Paprika 103
  Gebratenes Hähnchen mit rotem Paprika 44
  Süßkartoffel-Falafeln mit Zucchini & Paprika 99
Parmaschinken: Seeteufel mit Parmaschinken 73
Pastinaken: Ente mit Orangen glasur auf einem Bett von Lauch und Pilzen 56
  Honigsenf-Lamm & Pastinaken 38
Pesto: Mini-Pesto-Quiches mit Zucchini-Kruste 82
  Überbackene Pilze mit Pesto aus sonnengetrockneten Tomaten 95
  Sommergemüse-Auflauf mit Pesto 96
Heilbutt mit Tomatenpesto 62
Pflaumen, gebratene Hähn

chenkeulen mit 48
Pikantes Roastbeef 26
Pilze: Ente mit Orangenglasur glasur auf einem Bett von Lauch und Pilzen 56
  Überbackene Pilze mit Pesto 95

**Q R**
Quiches, Pesto-, mit Zucchini-Kruste 82
Quinoa: Eintopf mit Halloumi, Quinoa & Gemüse 86
  Quinoa-Tabbouleh 118
Ratatouille mit gebackenen Bohnen 112
Rhabarber, gebackener mit Orangen 137
Reis: Gebackener Reispudding 141
  Gemüserisotto 96
Rindfleisch: Burger mit Roquefort 25
  Pikantes Roastbeef 26
  Rindfleischbällchen & Chorizo 22
  Rindfleisch, gefüllte Tomaten mit 29
  Steak & Chips 29
  Steak-Burger 25
  Wurzelgemüse & Corned-Beef-Stampf 22
Rosenkohl: Schweinefleisch bällchen mit Rosenkohl & Süßkartoffeln 177

**S**
Salate: Zitronen-Fenchel-Salat 122
  Cremiger Coleslaw 122
  Rucola-Salat mit getrösteten Feigen 89
  Einfacher Salat 125
Salsa, Mango-Avocado 86
Schoko-Bananen 130
Schweinefleisch: Schweinefilet mit Jerk-Gewürz und Ananas 18
  Schweinefleischbällchen mit Rosenkohl & Süßkartoffeln 17
Sellerie: Bratwurst mit Sellerie & Tomaten 18
Spargel: Chicken Nuggets mit gerösteten Tomaten, Oliven & Spargel 47
  Lachs mit Tamari & Ingwer mit neuen Bratkartoffeln & Spargel 70
Spieße, Lamm- 33

Spinat, Gebackene Eier mit Chorizo, Tomaten & 14
Stampf: schwarze Bohnen & Mais 77
Süßkartoffel & Grünkohl 14
Wurzelgemüse & Corned-Beef 22
Süßkartoffel: Chili mit schwarzen Bohnen & 112
  Cornflakes Chicken Nuggets mit Süßkartoffel-Chips 47
  Schweinefleischbällchen mit Rosenkohl & Süßkartoffeln 17
  Süßkartoffelstampf mit Grünkohl & gebackenen Eiern 14
  Süßkartoffel-Falafeln mit Zucchini & Paprika 99
  Süßkartoffel- Wedges 33

**T**
Tabbouleh, Quinoa 118
Thai-Gemüse 100
Tomaten: Bratwurst mit Sellerie & Tomaten 18
  Chicken Nuggets mit gerösteten Tomaten, Oliven & Spargel 47
  Cornflakes-Chicken Nuggets mit Kirschtomaten 47
  Eier mit Chorizo, Tomaten & Spinat 14
  Falsches Hähnchen Kiew mit Tomaten 48
Tortilla-Chips: schwarze Bohnen-Nachos 78

**V W Z**
Veganes Pesto 95
Würste: Bratwurst mit Honig & Senf 17
  Bratwurst mit Sellerie & Tomaten 18
Zitronen-Fenchel-Salat 122
Zucchini: Frühstücksomelett 13
  Falsches Hähnchen Kiew mit Zucchini 48
  Mini-Pesto-Quiches 82
  Getreidefreie Tomaten-‚Spaghetti' mit Roquefort 90
  Süßkartoffel-Falafeln 99

## DANKSAGUNG

Erstmal Dank an all die vielen treuen Anhängern von Lunchboxdoctor.com, die mich immer wieder nach einem Rezeptbuch fragten. Endlich, hier ist es! Ein großes Dankeschön an Werner, Amalie und Samuel, die ihre Geschmacksknospen empfänglicher machten und ihre Kritikfähigkeit gut einsetzten. Sie waren eine unglaubliche Unterstützung.

Dank allen Testern der Rezepte, Jo Colley Keyes, Jo Massey, Kate Evans, Shirley Briars, Deepa Mer, Kate Smyth, Susan Vaughan, Claire Foss, Deirdre Swede, Helen Macklin, Catherine Pohl, Anne Loder, Andy Loder, June Bailey und Sarah Clarke, für ihre Geduld und Bereitschaft. Ohne euch hätte ich es wirklich nicht geschafft.

Dieses Buch wäre nie ohne meine unglaubliche Literaturagentin Jane Graham-Maw möglich gewesen, die mich immer unterstützte und an mich glaubte. Auch nicht ohne meine Herausgeber Ryland Peters & Small, die nicht mit der Wimper zuckten, obwohl ich erst fünf Jahre nach unserem Erstgespräch über das Buchprojekt wieder zu ihnen ins Büro kam. Da sieht man wieder, wenn man liebt, was man tut, und tut, was man liebt, macht sich Beharrlichkeit am Ende bezahlt.

Ferner möchte ich meinem Fotografen und Requisiteur Steve Painter sowie der Food-Stylistin Lucy McKelvie dafür danken, dass sie meine Rezepte zum Leben erweckten.

Abschließend möchte ich mich bei meiner Familie und all meinen Freunden bedanken – für ihre Unterstützung und die Ermunterung, diesen Weg einzuschlagen.